“一带一路”营商环境法治保障系列

赵旭东 总主编

李建伟 朱晓娟 吴高臣 副总主编

中国反不正当竞争法律制度

周 昀 主编 赵 婧 副主编

中国民主法制出版社

图书在版编目（CIP）数据

中国反不正当竞争法律制度/周昀主编.—北京：中国民主法制出版社，2019.8

（“一带一路”营商环境法治保障系列）

ISBN 978-7-5162-2062-7

Ⅰ.①中… Ⅱ.①周… Ⅲ.①反不正当竞争—经济法—研究—中国 Ⅳ.①D922.294.4

中国版本图书馆 CIP 数据核字（2019）第 184224 号

图书出品人：刘海涛
出版统筹：乔先彪
责任编辑：逯卫光

书名/中国反不正当竞争法律制度
ZHONGGUOFANBUZHENGDANGJINGZHENGFALÜZHIDU
作者/周　昀　主　编
赵　婧　副主编

出版·发行/中国民主法制出版社
地址/北京市丰台区右安门外玉林里 7 号（100069）
电话/（010）63055259（总编室）　63057714（发行部）
传真/（010）63056975　63056983
http：// www. npcpub. com
E-mail：mzfz@ npcpub. com
经销/新华书店
开本/16 开　787 毫米×960 毫米
印张/10.25　**字数**/148 千字
版本/2019 年 8 月第 1 版　2019 年 8 月第 1 次印刷
印刷/北京天宇万达印刷有限公司

书号/ISBN 978-7-5162-2062-7
定价/35.00 元

◉ 总序

习近平总书记在2013年提出建设“丝绸之路经济带”和“21世纪海上丝绸之路”的构想，五年多来，在各参与方的共同努力下，“一带一路”倡议从理念转化为行动，从愿景转变为现实，构建起了各自优势互补、彼此互联互通的国际合作平台。

党的十九大报告指出，要以“一带一路”建设为重点，坚持“引进来”和“走出去”并重，加强创新能力开放合作，形成陆海内外联动、东西双向互济的开放格局。同时，党的十九大通过修改的党章明确指出：遵循共商共建共享原则，推进“一带一路”建设。推进“一带一路”建设写入党章，必将为新时代共建“一带一路”，共建人类命运共同体进一步指明方向，注入强劲动力。

随着我国“一带一路”建设的深入推进，营造互信互通的法治营商环境，为投资贸易合作方提供全面周到的法律支持，切实维护中外当事人的合法权益便提上了日程。因此，为了增进“一带一路”建设沿线各国的彼此沟通，积极建立成员方统一认知和公正高效的司法保障体系，切实保障“一带一路”建设成果的不断扩大，我们推出了《“一带一路”营商环境法治保障系列》图书。

本系列图书构建了“一带一路”法治保障服务体系，主要介绍了投资贸易、产业合作、公正司法、纠纷解决、劳工保护等领域的法律制度，从而以保护中外当事人合法权益，维护公平竞争、诚实守信、和谐共赢的区域合作大环境。本系列图书体例科学，通俗易懂，旨在加强中国与“一带一路”沿线国家的“政策沟通”和“法治互信”，通过向国际社会展示我国法律制度的建设成就，以此提升我国法律的国际影响力。

《“一带一路”营商环境法治保障系列》图书作为“一带一路”建设的法治保障参考适用读物，旨在为沿线各国加强法律制度的交流互鉴，旨在全面落实我国“一带一路”建设的任务要求，全面构建“一带一路”建设中的法治保障体系，以便全球共享“一带一路”的建设成果。

赵旭东*
2019 年 8 月

---

* 赵旭东，中国法学会商法学研究会会长，中国政法大学教授。

目 录

第一章

反不正当竞争制度概述

竞争法是以规范市场竞争行为，维护自由和公平的市场竞争秩序为基本内容的法律规范的总称。其概念有广义和狭义之分，广义上的竞争法包括反垄断法和反不正当竞争法；而狭义上的竞争法则仅指反垄断法，不包括反不正当竞争法。在欧盟和一些国际组织的文件中，竞争法仅指反垄断法，而中国一般是从广义上来使用竞争法这一概念的。因此，中国的反不正当竞争制度是由反垄断法和反不正当竞争法两个核心部分构成的。

1993 年 9 月 2 日第八届全国人大常委会第三次会议通过《中华人民共和国反不正当竞争法》（2017 年 11 月 4 日第十二届全国人大常委会第三十次会议进行了修订）；2007 年 8 月 30 日第十届全国人大常委会第二十九次会议通过《中华人民共和国反垄断法》。除此之外，为配合这两部法律的实施，有关部门还颁布了一些规章条例及司法解释，例如，与《中华人民共和国反不正当竞争法》配套实施的《关于禁止商业贿赂行为的暂行规定》《关于禁止侵犯商业秘密行为的若干规定》《关于禁止有奖销售活动中不正当竞争行为的若干规定》《最高人民法院关于审理不正当竞争民事案件应用法律若干问题的解释》等，与《中华人民共和国反垄断法》配套实施的《反价格垄断规定》《反价格垄断行政执法程序规定》《关于禁止公用企业限制竞争行为的若干规定》《禁止垄断协议行为的规定》《禁止滥用市场支配地位行为的规定》《国务院关于经营者集中申报标准的规定》《商务部反垄断局关于经营者集中申报的指导意见》《商务部反垄断局关于经营者集中申报文件资料的指导意见》《关于经营者集中简易案件适用标准的暂行规定》《关于经营者集中简易案件申报的指导意见（试行）》《金融业经营者集中申报营业额计算办法》《未依法申报经营者集中调查处理暂行办法》等。这些法律法规及部门规章共同作用，为经营者从事市场竞争行为提供了必须遵循的行为准则，也为法院提供了必须遵循的相应的裁判准则，同时还为政府专门职能部门监督管理市场竞争行为提供了执法准则。

需要说明的是，除《中华人民共和国反垄断法》和《中华人民共和国反不正当竞争法》这两部核心大法之外，其他有关法律中也有若干竞争规范，如产品质量法、消费者权益保护法、广告法、招标投标法、对外贸易法、价格法、政府采购法等就包含一些反不正当竞争和反垄断的法律规范。此外，相关行政法规中也有反垄断和反不正当竞争的规范，如《关于禁止公用企业限制竞争行为的若干规定》《国务院关于禁止在市场经济活动中实行地区封锁的规定》等。经营者在遵守反不正当竞争法和反垄断法的同时，还必须遵守其他法律及行政法规中的竞争规范，这一系列竞争规范共同构成了中国的反不正当竞争制度。

同为反不正当竞争制度中最核心的法律，反不正当竞争法和反垄断法在调整竞争关系时是各有侧重的。相对于反垄断法来说，反不正当竞争法主要保障具体交易场合特定当事人之间的利益平衡，侧重维护微观的竞争秩序，追求局部的个案和公正，相应的，反不正当竞争法是事后调整，以民事制裁（主要靠私人提起民事诉讼）手段为主，辅以行政制裁和刑事制裁的手段。而相较于反不正当竞争法来说，反垄断法主要维护的是宏观的竞争秩序，侧重追求整体和宏观的效率，因此反垄断法涉及的问题更具有全局性、宏观性。反垄断法既有事前规制，如调查市场结构情况、对经营者集中进行事前审查以及对某些垄断协议进行事前核准等，也有事后规制，以行政制裁手段为主，辅以民事制裁和刑事制裁的手段，并且救济措施既有行为性的，也有结构性的，如分拆大企业或者责令实施合并的企业恢复到并购前的状态。因而，反垄断法较反不正当竞争法而言具有更多的公法因素。

第二章

反不正当竞争法

第一节　反不正当竞争法概述

【规则要点】

相对于反垄断法来说，反不正当竞争法主要是保障具体交易场合下特定当事人之间的利益平衡，侧重维护微观的竞争秩序。在反不正当竞争法视角下，不正当竞争行为是指经营者在生产经营活动中，违反反不正当竞争法的规定，扰乱市场竞争秩序，损害其他经营者或者消费者的合法权益的行为。

【理解与适用】

一、反不正当竞争法的立法目的

反不正当竞争法的立法目的有三：其一，促进社会主义市场经济健康发展；其二，鼓励和保护公平竞争；其三，保护经营者和消费者的合法权益。由此可以看出，反不正当竞争法的立法目的分为宏观和微观两个层次。宏观上，反不正当竞争法是为了鼓励和保护公平竞争，促进社会主义市场经济健康发展，这一立法目的是宪法关于“国家加强经济立法……依法禁止任何组织或者个人扰乱社会经济秩序”规定的具体化。微观上，对妨害市场秩序的具体不正当竞争行为坚决制止，其目的是保护正当合法的竞争行为和消费者的利益。

二、反不正当竞争法的基本原则

反不正当竞争法所称的经营者，是指从事商品生产、经营或者提供服务（以下简称“商品包括服务”）的自然人、法人和非法人组织。经营者在生产经营活动中，应当遵循自愿、平等、公平、诚信的原则，遵守法律和商业道德。上述基本原则的确立具有重要意义，如自愿原则有助于保障经济主体的经济民主和经济自由权利；平等原则的确立可以平等地保护市场经济各主体，使市场经济主体的合法经济权益得到平等的实现；公平原则要求市场经济主体不谋求法律之外的任何特权和优势；诚信原则有利于引导市场经济主体从善意出发做到诚实、守信地行使权利和承担义务；遵守法律和商业道德有利于促进市场主体不断地增强职业道德和社会责任感，维护消费者的合法权益和实现社会公共利益。

三、反不正当竞争执法机构

反不正当竞争法的实施主要通过两种方式实现：司法和行政执法。司法主要是通过民事诉讼、刑事诉讼活动打击扰乱市场公平秩序的不正当竞争行为。行政执法是反不正当竞争法的重要实施方式，特别是当受不正当竞争行为损害的经营者或消费者不明确的情况下，行政执法尤为重要。

政府负有公共服务的职能，而公共服务职能的主要方面就包括为经济发展创建和维护良好的市场环境，保护社会主义市场经济秩序。因此，反不正当竞争法规定，各级人民政府应当采取措施，制止不正当竞争行为，为公平竞争创造良好的环境和条件。据此，政府应积极承担制止不正当竞争行为的职责和义务。

根据反不正当竞争法，国务院建立反不正当竞争工作协调机制，研究决定反不正当竞争重大政策，协调处理维护市场竞争秩序的重大问题。一般而言，由县级以上人民政府履行市场监督管理职责的部门负责对不正当竞争行为进行查处；但如果法律、行政法规规定由其他部门查处时，依照其规定。也就是说，市场监督管理机关作为国家经济监督管理部门和行政执法部门，其本身具有规范市场行为的综合职能，是反不正当竞争的主要执法机构。但是，法律、行政法规规定由其他部门查处的，则应依照相关法律、行政法规之规定。例如，根据产品质量法的规定，产品质量监督机关有权查处经营者在产品上伪造产地，伪造或者冒用他人的厂名、厂址，伪造或者冒用认证标志等质量标志的行为；根据药品管理法的规定，药品监督管理部门负责药品生产、经营等领域的不正当竞争行为的监督检查；根据证券法的规定，国务院证券监督管理机构（中国证监会）依法对证券市场上的不正当竞争行为进行监督检查；根据对外贸易法的规定，国务院对外经济贸易主管部门（商务部）依法对在对外贸易经营活动中实施的危害市场公平竞争的行为进行监督；等等。实践中，在规制不正当竞争行为中发挥重要作用的行政机构主要包括：国家市场监督管理部门、质量技术监督管理机关、物价管理机关、环境保护机关、食品卫生监督管理机关、证监会、国家知识产权局以及其他相关行政管理机构。

四、反不正当竞争法的社会监督

如前所述，反不正当竞争法是事后调整，以民事制裁（主要靠私人提起民事诉讼）手段为主，因此国家鼓励、支持和保护一切组织和个人对不正当竞争行为进行社会监督。

社会监督的主体包括除国家机关之外的一切个人和组织，具体包括经营者、经营机构内部自控机构、行业协会、消费者等。社会监督的方法主要包括披露、举报、控告、起诉等。对涉嫌不正当竞争行为，任何单位和个人都有权向监督检查部门举报，监督检查部门在接到举报后则应当依法及时处理。根据要求，监督检查部门应当向社会公开受理举报的电话、信箱或者电子邮件地址，以便于单位和个人举报。反不正当竞争法为了保护举报人、鼓励举报，要求监督检查部门为举报人保密，另外，对于实名举报并提供相关事实和证据的情形，监督检查部门还应当将处理结果告知举报人。

五、国家机关和行业协会的义务

为了更好地维护市场竞争秩序，在赋予单位和个人监督权利的同时，反不正当竞争法还要求国家机关和行业协会履行相应的职责和义务，共同促进市场秩序良好运作和发展。

国家机关及其工作人员负有维护市场秩序、保证公平竞争的职责和义务，在实践中应积极抑制不正当竞争行为，不得支持、包庇不正当竞争行为。国家机关及其工作人员支持、包庇不正当竞争行为，给经营者和消费者造成经济利益损失的，不仅相应国家机关和个人应依法给予经营者和消费者民事赔偿，相关责任人也应当依据反不正当竞争法及相关法律法规承担行政责任；在情节严重的情况下，还须承担刑事责任。

对于行业协会而言，反不正当竞争法倡导行业组织在实践中加强行业自律，引导、规范会员依法竞争，维护市场竞争秩序。

由此可以看出，中国对制止不正当竞争行为的措施是全方位的，一方面，国家机关及其工作人员要积极抑制不正当竞争行为、行业协会引导、规范会员依法竞争；另一方面，单位和个人对不正当竞争行为可以监督举报。此外，一经发现和确认有关经营者实施不正当竞争行为时，相应的司法和行政机关将会依法给予处罚。

六、不正当竞争行为

反不正当竞争法所称的“不正当竞争行为”，是指经营者在生产经营活动中，违反反不正当竞争法的规定，扰乱市场竞争秩序，损害其他经营者或者消费者的合法权益的行为。反不正当竞争法规制的不正当竞争行为主要包括：市场混淆行为、商业贿赂行为、虚假或引人误解的宣传行为、侵犯商业秘密行为、不正当有奖销售行为、商业诋毁行为、通过互联网技术进行的不正当竞争行为。

需要说明的是，虽然不正当竞争行为的主体是经营者，但需要注意的是，并非所有的经营者都会成为不正当竞争行为的主体，经营者之间只有因为竞争而加入到不正当竞争关系中，才会成为不正当竞争行为的主体。

【风险提示】

经营者虽然不处于同一行业，但不能据此认为经营者之间不存在竞争关系，还需要根据其他事实认定来判断经营者实施的行为是否会在给自己带来利益的同时损害其他经营者的利益。如果经营者的行为在给自己带来利益的同时会直接损害其他经营者的利益，经营者在商业利益上存在此消彼长的关系，则可以认为经营者之间存在竞争关系。

【相关案例】

北京爱奇艺科技有限公司诉深圳聚网视科技有限公司不正当竞争纠纷案

原告北京爱奇艺科技有限公司（简称“爱奇艺公司”）诉称，其系中国知名大型网络视频平台“爱奇艺”的合法经营者，通过该平台向网络终端用户提供在线视频的点播服务，同时向行业广告客户提供广告的制作和发布服务。用户以观看视频广告为代价获得免费的视频内容，其以向广告主收取广告费作为主要营业收入，以此实现盈利。被告深圳聚网视科技有限公司（简称“聚网视公司”）开发了“VST全聚合”软件，通过其官方网站等途径提供涉案软件的下载和运营，该软件具有“视频广告过滤功能”，用户在安装该软件后，可以直接通过该软件观看“爱奇艺”平台的视频内容，而不再需要观看视频广告，导致爱奇艺公司网站访问量以及播放器客户端下载量的下降，降低了广告主在爱奇艺公司处投放广告的曝光率，进而导致爱奇艺公司的利益受损，侵害了爱奇艺公司的正当权益，故请求法院判令聚网视公司赔偿爱奇艺公司经济损失并就其不正当竞争行为在其官方网站首页上端连续72小时刊登声明，消除影响。

被告聚网视公司辩称：其与爱奇艺公司不处于同一行业，不存在竞争关系；通过“VST全聚合”软件播放来源于爱奇艺公司的视频时不播放视频前的广告是由于视频内容和广告内容分处两个不同的片源造成的，其只能获取到视频内容，无法抓取视频前广告。其并没有通过技术手段屏蔽爱奇艺公司视频前广告，其使用的技术是创新、中立的，不构成不正当竞争。

上海市杨浦区人民法院一审认为：虽然爱奇艺公司的经营领域是视频提供，而聚网视公司的经营范围是计算机软硬件的开发销售，但聚网视公司开发并经营的“VST全聚合”软件属于提供视频的软件，使用“VST全聚合”软件观看来源于爱奇艺公司的视频内容时无须观看片前广告，将导致爱奇艺公司用户选择通过“VST全聚合”软件观看爱奇艺公司视频内容，在影响爱奇艺公司经济利益的同时，给聚网视公司带来用户，因此，爱奇艺公司、聚网视公司在商业利益上存在此消彼长的关系，双方为竞争关系。

原告爱奇艺公司通过让用户观看视频前广告为对价向用户提供免费视频，通过广告播放获取利益或者通过让会员免看广告，收取会员费的商业模式获取利益。爱奇艺公司的上述商业模式既未违反现有法律又未违反商业道德，应受法律保护。爱奇艺公司对于其视频内容采取了设置密钥（Key值）的加密措施，明确表明其拒绝他人任意分享其视频内容。被告聚网视公司通过破解爱奇艺公司验证算法，取得密钥（Key值），达到绕开爱奇艺公司片前广告，直接获取正片播放的目的。其虽然没有直接去除片前广告的行为，但客观上实现了无须观看片前广告即可直接观看正片的目的，能使部分不愿意观看片前广告又不愿意支付原告会员费的网络用户转而使用“VST全聚合”软件，进而造成爱奇艺公司用户的减少和广告收入下降，损害了爱奇艺公司的合法权益。因此，聚网视公司开发经营的“VST全聚合”软件实现的绕开爱奇艺公司广告直接播放视频的行为，违反了诚实信用原则和公认的商业道德，损害了爱奇艺公司的合法利益，构成不正当竞争。

一审宣判后，聚网视公司不服，向上海知识产权法院提出上诉。二审法院经审理认为，一审认定事实清楚，适用法律正确，应予维持。故判决驳回上诉，维持原判。

【法条指引】

中华人民共和国反不正当竞争法（节录）

第一条 为了促进社会主义市场经济健康发展，鼓励和保护公平竞争，制止不正当竞争行为，保护经营者和消费者的合法权益，制定本法。

第二条 经营者在生产经营活动中，应当遵循自愿、平等、公平、诚信的原则，遵守法律和商业道德。

本法所称的不正当竞争行为，是指经营者在生产经营活动中，违反本法规定，扰乱市场竞争秩序，损害其他经营者或者消费者的合法权益的行为。

本法所称的经营者，是指从事商品生产、经营或者提供服务（以下所称商品包括服务）的自然人、法人和非法人组织。

第三条 各级人民政府应当采取措施，制止不正当竞争行为，为公平竞争创造良好的环境和条件。

国务院建立反不正当竞争工作协调机制，研究决定反不正当竞争重大政策，协调处理维护市场竞争秩序的重大问题。

第四条 县级以上人民政府履行工商行政管理职责的部门对不正当竞争行为进行查处；法律、行政法规规定由其他部门查处的，依照其规定。

第五条 国家鼓励、支持和保护一切组织和个人对不正当竞争行为进行社会监督。

国家机关及其工作人员不得支持、包庇不正当竞争行为。

行业组织应当加强行业自律，引导、规范会员依法竞争，维护市场竞争秩序。

第二节 市场混淆行为

【规则要点】

经营者不得实施混淆行为，即在市场交易中，经营者擅自使用与他人相同或者近似的标识或其他会导致其商品或者服务与他人的商品或者服务相混淆的行为。经营者违反反不正当竞争法的规定实施混淆行为的，将会被监督检查部门责令停止违法行为，没收违法商品以及处以罚款。

【理解与适用】

一、市场混淆行为的认定

根据反不正当竞争法，经营者不得实施下列混淆行为。

其一，不得擅自使用与他人有一定影响的商品名称、包装、装潢等相同或者近似的标识。

需要注意的是，实践中，由经营者营业场所的装饰、营业用具的式样、营业人员的服饰等构成的具有独特风格的整体营业形象，可以认定为反不正当竞争法中规定的“装潢”。

其二，不得擅自使用他人有一定影响的企业名称（包括简称、字号等）、社会组织名称（包括简称等）、姓名（包括笔名、艺名、译名等）。

根据《最高人民法院关于审理不正当竞争民事案件应用法律若干问题的解释》，企业登记主管机关依法登记注册的企业名称，在中国境内进行商业使用的外国（地区）企业名称，具有一定的市场知名度、为相关公众所知悉的企业名称中的字号，可以认定为反不正当竞争法规定的“企业名称”。

其三，不得擅自使用他人有一定影响的域名主体部分、网站名称、网页等。

其四，不得实施足以引人误认为是他人商品或者与他人存在特定联系的其他混淆行为。

《最高人民法院关于审理不正当竞争民事案件应用法律若干问题的解释》进一步对上述规定中的“使用”作出解释，即在中国境内进行商业使用，包括将他人有一定影响的名称、包装、装潢或者企业名称、姓名用于商品、商品包装以及商品交易文书上，或者用于广告宣传、展览以及其他商业活动中等。

二、实施市场混淆行为的法律责任

经营者违反反不正当竞争法规定实施混淆行为的，将会被监督检查部门责令停止违法行为、没收违法商品以及处以罚款。其中，罚款数额会根据经营者的违法经营额来确定，违法经营额在五万元以上的，监督检查部门可以并处违法经营额五倍以下的罚款；没有违法经营额或者违法经营额不足五万元的，可以并处二十五万元以下的罚款。如果经营者违法情节严重的，将会被吊销营业执照。此外，如果经营者登记的企业名称是他人有一定影响的企业名称的，则应当及时办理名称变更登记；名称变更前，应由原企业登记机关以统一社会信用代码代替其名称，不得继续使用他人有一定影响的企业名称。

【风险提示】

艺名虽然是姓名权的一种，但因其背后蕴含着巨大的商业利益且具有明显的商标属性，因此反不正当竞争法将其明确纳入反不正当竞争制度保护的范围，经营者擅自使用他人有一定影响的艺名的，将受到反不正当竞争法的规制。

【相关案例】

北京庆丰包子铺与山东庆丰餐饮管理有限公司不正当竞争纠纷案

北京庆丰包子铺（简称“庆丰包子铺”）自1956年开业，1982年1月5日起开始使用“庆丰”企业字号，属于具有较高的市场知名度、为相关公众所知悉的企业名称中的字号。2009年6月24日，山东庆丰餐饮管理有限公司（简称“庆丰餐饮”）公司经核准登记成立，经营范围为餐饮管理及咨询。庆丰餐饮公司擅自将庆丰包子铺的字号作为其字号注册使用，经营相同的商品或服务，被庆丰包子铺诉至法院，要求法院认定其擅自将庆丰包子铺的字号作为其字号注册使用的行为构成不正当竞争并赔偿相关损失。

本案经过一审、二审，最后由最高人民法院再审，认定庆丰餐饮公司擅自将庆丰包子铺的字号作为其字号注册使用，经营相同的商品或服务，具有攀附庆丰包子铺企业名称知名度的恶意，其行为构成不正当竞争，判决山东庆丰餐饮管理有限公司立即停止在其企业名称中使用“庆丰”字号的不正当竞争行为。

【法条指引】

中华人民共和国反不正当竞争法（节录）

第六条 经营者不得实施下列混淆行为，引人误认为是他人商品或者与他人存在特定联系：

（一）擅自使用与他人有一定影响的商品名称、包装、装潢等相同或者近似的标识；

（二）擅自使用他人有一定影响的企业名称（包括简称、字号等）、社会组织名称（包括简称等）、姓名（包括笔名、艺名、译名等）；

（三）擅自使用他人有一定影响的域名主体部分、网站名称、网页等；

（四）其他足以引人误认为是他人商品或者与他人存在特定联系的混淆行为。

最高人民法院关于审理不正当竞争民事案件应用法律若干问题的解释（节录）

第五条 商品的名称、包装、装潢属于商标法第十条第一款规定的不得作为商标使用的标志，当事人请求依照反不正当竞争法第五条第（二）项规定予以保护的，人民法院不予支持。

第六条 企业登记主管机关依法登记注册的企业名称，以及在中国境内进行商业使用的外国（地区）企业名称，应当认定为反不正当竞争法第五条第（三）项规定的“企业名称”。具有一定的市场知名度、为相关公众所知悉的企业名称中的字号，可以认定为反不正当竞争法第五条第（三）项规定的“企业名称”。

在商品经营中使用的自然人的姓名，应当认定为反不正当竞争法第五条第（三）项规定的“姓名”。具有一定的市场知名度、为相关公众所知悉的自然人的笔名、艺名等，可以认定为反不正当竞争法第五条第（三）项规定的“姓名”。

第七条 在中国境内进行商业使用，包括将知名商品特有的名称、包装、装潢或者企业名称、姓名用于商品、商品包装以及商品交易文书上，或者用于广告宣传、展览以及其他商业活动中，应当认定为反不正当竞争法第五条第（二）项、第（三）项规定的“使用”。

第三节 商业贿赂行为

【规则要点】

经营者不得实施商业贿赂行为，即不得在交易过程中收买交易对方的职员或其他与交易对方有关联的单位或者个人，从而获取优于竞争对手的竞争优势。经营者违反反不正当竞争法规定实施商业贿赂行为，将会被监督检查部门没收违法所得并处以罚款，情节严重的，还会被吊销营业执照。

【理解与适用】

一、商业贿赂行为的认定

根据反不正当竞争法的规定，经营者不得采用财物或者其他手段贿赂下列单位或者个人，以谋取交易机会或者竞争优势：

一是交易相对方的工作人员；

二是受交易相对方委托办理相关事务的单位或者个人；

三是利用职权或者影响力影响交易的单位或者个人。

可以看出在反不正当竞争制度中，收受商业贿赂的主体不仅包括交易相对方的工作人员，还包括受交易相对方委托办理相关事务的单位或者个人以及利用职权或者影响力影响交易的单位或者个人。需要说明的是，商业贿赂中所称的“财物”，是指现金和实物，包括经营者为销售或者购买商品，假借促销费、宣传费、赞助费、科研费、劳务费、咨询费、佣金等名义，或者以报销各种费用等方式，给付交易相对方工作人员以及其他相关主体的财物。而“其他手段”是指提供国内外各种名义的旅游、考察等给付财物以外的其他利益的手段。

经营者在交易活动中，以明示方式向交易相对方支付折扣，或者向中间人支付佣金的行为不属于商业贿赂行为，但是反不正当竞争法要求经营者向交易相对方支付折扣、向中间人支付佣金时必须如实入账，接受折扣、佣金的经营者也应当如实入账。这里的“折扣”，即商品购销中的让利，是指经营者在销售商品时，以明示并如实入账的方式给予对方的价格优惠，包括支付价款时对价款总额按一定比例即时予以扣除和支付价款总额后再按一定比例予以退还两种形式。“佣金”，是指经营者在市场交易中给予为其提供服务的具有合法经营资格中间人的劳务报酬。“明示”和“入账”，则是指根据合同约定的金额和支付方式，在依法设立的反映其生产经营活动或者行政事业经费收支的财务账上按照财务会计制度规定如实记载。

二、商业贿赂行为的法律责任

经营者违反反不正当竞争法规定贿赂他人的，将会被监督检查部门没收违法所得，处十万元以上三百万元以下的罚款。情节严重的，还会被吊销营业执照。

商业贿赂行为构成犯罪，依照刑法有关规定定罪量刑。根据刑法第164条规定，为谋取不正当利益，给予公司、企业或者其他单位的工作人员以财物，数额较大的，处三年以下有期徒刑或者拘役，并处罚金；数额巨大的，处三年以上十年以下有期徒刑，并处罚金。为谋取不正当商业利益，给予外国公职人员或者国际公共组织官员以财物的，依照前述规定处罚。单位犯上述罪的，对单位判处罚金，并对其直接负责的主管人员和其他直接责任人员，依照前述规定处罚。行贿人在被追诉前主动交代行贿行为的，可以减轻处罚或者免除处罚。

对接受商业贿赂构成犯罪的，也要依照刑法有关规定定罪量刑。根据刑法第163条规定，公司、企业或者其他单位的工作人员利用职务上的便利，索取他人财物或者非法收受他人财物，为他人谋取利益，数额较大的，处五年以下有期徒刑或者拘役；数额巨大的，处五年以上有期徒刑，可以并处没收财产。公司、企业或者其他单位的工作人员在经济往来中，利用职务上的便利，违反国家规定，收受各种名义的回扣、手续费，归个人所有的，依照前述规定处罚。国有公司、企业或者其他国有单位中从事公务的人员和国有公司、企业或者其他国有单位委派到非国有公司、企业以及其他单位从事公务的人员有上述行为的，依照刑法第385条、第386条的规定定罪处罚。

【风险提示】

1. 如果是经营者的工作人员实施的贿赂行为，也认定为是经营者的行为，除非经营者有证据证明该工作人员的行为与为经营者谋取交易机会或者竞争优势无关。

2. 任何形式的商业贿赂行为，无论是内资企业还是外资企业，一旦触犯中国法律都要受到法律制裁，承担相应的法律责任。

【相关案例】

葛兰素史克（中国）投资有限公司商业贿赂案

葛兰素史克（中国）投资有限公司（简称“GSKCI”）是中国目前规

模最大的跨国制药企业之一，公司业务涉及处方药、非处方药、疫苗和消费保健品四个领域。GSKCI 因其领先的制药技术，在业界一直享有极高声誉。

2013 年上半年，中国公安部门在工作中发现，包括上海临江国际旅行社（以下简称"临江旅行社"）在内的几家旅行社几乎不从事旅游业务，而与一些药企频繁接触。以临江旅行社为例，在没有旅游业务的情况下，其年营业额从成立之初的几百万元飙升至案发前的数亿元。这一事件引起了公安机关的关注。经警方查证，GSKCI 部分高管和相关旅行社的部分高层人员涉嫌严重商业贿赂和涉税犯罪。

2014 年 9 月 19 日，湖南省长沙市中级人民法院依法对葛兰素史克（中国）投资有限公司和相关人员进行不公开开庭审理并于当日公开宣判。法院经审理查明，被告单位 GSKCI 为扩大药品销量，谋取不正当利益，采取贿赂销售模式，以多种形式向全国多地医疗机构从事医务工作的非国家工作人员行贿，数额巨大。被告人马某、张某、梁某、黄某、赵某等公司高管作为直接负责的主管人员，积极组织、推动、实施贿赂销售，被告单位及被告人的行为均已构成对非国家工作人员行贿罪。被告人黄某利用职务便利非法收受他人财物并为他人谋取利益，其行为还构成非国家工作人员受贿罪。法院以对非国家工作人员行贿罪判处被告单位 GSKCI 罚金人民币 30 亿元，并对被告人马某等处以相应刑罚。

【法条指引】

中华人民共和国反不正当竞争法（节录）

第七条　经营者不得采用财物或者其他手段贿赂下列单位或者个人，以谋取交易机会或者竞争优势：

（一）交易相对方的工作人员；

（二）受交易相对方委托办理相关事务的单位或者个人；

（三）利用职权或者影响力影响交易的单位或者个人。

经营者在交易活动中，可以以明示方式向交易相对方支付折扣，或者向中间人支付佣金。经营者向交易相对方支付折扣、向中间人支付佣金的，应当如实入账。接受折扣、佣金的经营者也应当如实入账。

经营者的工作人员进行贿赂的，应当认定为经营者的行为；但是，经营者有证据证明该工作人员的行为与为经营者谋取交易机会或者竞争优势无关的除外。

中华人民共和国刑法（节录）

第一百六十三条 公司、企业或者其他单位的工作人员利用职务上的便利，索取他人财物或者非法收受他人财物，为他人谋取利益，数额较大的，处五年以下有期徒刑或者拘役；数额巨大的，处五年以上有期徒刑，可以并处没收财产。

公司、企业或者其他单位的工作人员在经济往来中，利用职务上的便利，违反国家规定，收受各种名义的回扣、手续费，归个人所有的，依照前款的规定处罚。

国有公司、企业或者其他国有单位中从事公务的人员和国有公司、企业或者其他国有单位委派到非国有公司、企业以及其他单位从事公务的人员有前两款行为的，依照本法第三百八十五条、第三百八十六条的规定定罪处罚。

第一百六十四条 为谋取不正当利益，给予公司、企业或者其他单位的工作人员以财物，数额较大的，处三年以下有期徒刑或者拘役，并处罚金；数额巨大的，处三年以上十年以下有期徒刑，并处罚金。

为谋取不正当商业利益，给予外国公职人员或者国际公共组织官员以财物的，依照前款的规定处罚。

单位犯前两款罪的，对单位判处罚金，并对其直接负责的主管人员和其他直接责任人员，依照第一款的规定处罚。

行贿人在被追诉前主动交待行贿行为的，可以减轻处罚或者免除处罚。

第四节 虚假或引人误解的宣传行为

【规则要点】

经营者不得实施虚假或引人误解的宣传行为，否则，将会被监督检查部门责令停止违法行为并处以罚款，情节严重的，还将被吊销营业执照。

【理解与适用】

一、虚假或引人误解的宣传行为的认定

所谓虚假或引人误解的宣传行为，是指在市场交易中，经营者利用广告或其他方法，对商品或者服务的质量、制作方法、性能、用途、生产者、有效期限、产地等作与实际情况不符的公开宣传，导致或足以导致购买者产生误解，损害消费者或者竞争对手利益的行为。

反不正当竞争法禁止经营者对其商品的性能、功能、质量、销售状况、用户评价、曾获荣誉等作虚假或者引人误解的商业宣传，欺骗、误导消费者。同时还禁止经营者通过组织虚假交易等方式，帮助其他经营者进行虚假或者引人误解的商业宣传。

虚假宣传的形式包括广告或其他形式。商业广告是最常见的形式，其他形式包括雇佣或者伙同他人进行欺骗性的销售诱导；现场虚假的演示和说明；张贴、散发、邮寄虚假的产品说明书和其他宣传材料；在经营场所对商品作虚假的文字标注、说明或者解释；通过大众传媒进行虚假的宣传报道等。

实践中，下列情形都属于虚假或引人误解的宣传行为。

其一，对商品作片面的宣传或者对比。

如经营者只对自己商品的某个优点与其他商品的缺点进行对比，而对其商品的大量缺点避而不谈。

其二，将科学上未定论的观点、现象等当作定论的事实用于商品宣传。

例如，某研究人员发表的个人试验结果认为长期喝矿泉水对身体不利，某纯净水生产厂家利用该实验结果大做文章，通过产品广告宣称，某权威专家的实验已经证明长期喝矿泉水对身体不利，导致该地区几家矿泉水生产企业产品大量滞销。

其三，以歧义性语言或者其他引人误解的方式进行商品宣传。

如某歌剧院声称某大名鼎鼎的女主角将出场演出，但实际上出场的表演者是一个碰巧与某大名鼎鼎的女主角同名的名不见经传的人，在该宣传中，其字面含义本身并没有问题，只是因为向人们传递了超出字面含义的信息而具有欺骗性。

根据《最高人民法院关于审理不正当竞争民事案件应用法律若干问题的解释》，经营者以明显的夸张方式宣传商品，但不足以造成相关公众误解时，不属于虚假或引人误解的宣传行为。实践中，人民法院会根据日常生活经验、相关公众一般注意力、发生误解的事实和被宣传对象的实际情况等因素，对虚假或引人误解的宣传行为进行认定。

除反不正当竞争法外，其他多个法律都涉及对虚假或引人误解的宣传行为的规制。例如，消费者权益保护法规定，经营者向消费者提供有关商品或者服务的质量、性能、用途、有效期限等信息，应当真实、全面，不得作虚假或者引人误解的宣传。价格法将“利用虚假的或者使人误解的价格手段，诱骗消费者或者其他经营者与其进行交易”规定为其禁止的不正当价格行为之一。

此外，广告法要求广告不得含有虚假或者引人误解的内容，不得欺骗、误导消费者。广告以虚假或者引人误解的内容欺骗、误导消费者的，构成虚假广告。

具体而言，广告有下列情形之一的认定为虚假广告。

其一，商品或者服务不存在的；

其二，商品的性能、功能、产地、用途、质量、规格、成分、价格、生产者、有效期限、销售状况、曾获荣誉等信息，或者服务的内容、提供者、形式、质量、价格、销售状况、曾获荣誉等信息，以及与商品或者服务有关的允诺等信息与实际情况不符，对购买行为有实质性影响的；

其三，使用虚构、伪造或者无法验证的科研成果、统计资料、调查结果、文摘、引用语等信息作证明材料的；

其四，虚构使用商品或者接受服务的效果的；

其五，以虚假或者引人误解的内容欺骗、误导消费者的其他情形。

需要说明的是，反不正当竞争法规定，经营者实施虚假或引人误解的宣传行为，如果属于发布虚假广告的，依照《中华人民共和国广告法》的规定处罚。这即是说实践中广告法要优先适用于反不正当竞争法。

二、实施虚假或者引人误解的宣传行为的法律责任

经营者违反反不正当竞争法的规定对其商品作虚假或者引人误解的商业宣传，或者通过组织虚假交易等方式帮助其他经营者进行虚假或者引人

误解的商业宣传的，将会被监督检查部门责令停止违法行为，处二十万元以上一百万元以下的罚款；情节严重的，处一百万元以上二百万元以下的罚款，可以吊销营业执照。

另外，广告法规定，违反广告法规定，发布虚假广告的，由市场监督管理部门责令停止发布广告，责令广告主在相应范围内消除影响，处广告费用三倍以上五倍以下的罚款，广告费用无法计算或者明显偏低的，处二十万元以上一百万元以下的罚款；两年内有三次以上违法行为或者有其他严重情节的，处广告费用五倍以上十倍以下的罚款，广告费用无法计算或者明显偏低的，处一百万元以上二百万元以下的罚款，可以吊销营业执照，并由广告审查机关撤销广告审查批准文件、一年内不受理其广告审查申请。医疗机构有上述规定违法行为，情节严重的，除由市场监督管理部门依照本法处罚外，卫生行政部门可以吊销诊疗科目或者吊销医疗机构执业许可证。广告经营者、广告发布者明知或者应知广告虚假仍设计、制作、代理、发布的，由市场监督管理部门没收广告费用，并处广告费用三倍以上五倍以下的罚款，广告费用无法计算或者明显偏低的，处二十万元以上一百万元以下的罚款；两年内有三次以上违法行为或者有其他严重情节的，处广告费用五倍以上十倍以下的罚款，广告费用无法计算或者明显偏低的，处一百万元以上二百万元以下的罚款，并可以由有关部门暂停广告发布业务、吊销营业执照、吊销广告发布登记证件。广告主、广告经营者、广告发布者有上述规定行为，构成犯罪的，依法追究刑事责任。

【风险提示】

经营者对其商品的性能、功能、质量、销售状况、用户评价、曾获荣誉等作宣传时，应该注意宣传内容的真实性，否则，在无事实支持的基础上宣传自己的商品（如以下案例中对销量“遥遥领先”的宣传），将有风险被认定为反不正当竞争法中规制的虚假或引人误解的宣传行为。

【相关案例】

广告语宣称“遥遥领先”被诉不正当竞争

瓜子二手车直卖网（以下简称“瓜子网”）在官网、微信、手机 App

及各大网络平台广告中使用“创办1年成交量遥遥领先”“成交量全国领先”等宣传用语，同是二手车交易平台的人人车称，瓜子网进行了虚假宣传等不正当竞争行为，违反法律法规，请求法院判令瓜子网立即停止不正当竞争行为，赔礼道歉并赔偿人人车经济损失1亿元。

法院对该案作出诉前禁令裁定，责令瓜子网即日起停止使用“遥遥领先”“全国领先”等宣传用语。法院裁定书称，涉诉广告语指出了统计数据的来源依据与相应统计时段，主要有“根据电子商务协会统计，瓜子二手车直卖网2015年7月至2016年7月在中国二手车市场的成交量排名遥遥领先”“根据电子商务协会统计，瓜子二手车直卖网2017年上半年在中国二手车市场的成交量排名遥遥领先”等两句。但从电子商务协会出具的回复原件来看，其明确表示该协会并未以自己名义或授权其他机构，对外发布过关于二手车网站成交量、排名以及其他相关二手车网站的信息，从未授予二手车网站有关成交量排名的奖项，亦从未发布过二手车网站成交量及排名的数据。

由此，法院认定，瓜子网的上述涉争广告语并无电子商务协会在前述统计时段的相应数据支持，对其关于涉诉广告有充分事实依据的抗辩不予采信。涉争广告宣传语若不禁止，将对人人车造成损害。

法院最终裁定，瓜子网实施了引人误解的虚假宣传行为，为避免正在实施的虚假宣传行为对作为同行业主要竞争者的合法权益造成进一步损害，有必要暂时禁止瓜子网实施的上述虚假行为，直至本案终审法律文书生效。

【法条指引】

中华人民共和国反不正当竞争法（节录）

第八条 经营者不得对其商品的性能、功能、质量、销售状况、用户评价、曾获荣誉等作虚假或者引人误解的商业宣传，欺骗、误导消费者。

经营者不得通过组织虚假交易等方式，帮助其他经营者进行虚假或者引人误解的商业宣传。

中华人民共和国广告法（节录）

第四条 广告不得含有虚假或者引人误解的内容，不得欺骗、误导消费者。

广告主应当对广告内容的真实性负责。

第八条 广告中对商品的性能、功能、产地、用途、质量、成分、价格、生产者、有效期限、允诺等或者对服务的内容、提供者、形式、质量、价格、允诺等有表示的，应当准确、清楚、明白。

广告中表明推销的商品或者服务附带赠送的，应当明示所附带赠送商品或者服务的品种、规格、数量、期限和方式。

法律、行政法规规定广告中应当明示的内容，应当显著、清晰表示。

最高人民法院关于审理不正当竞争民事案件应用法律若干问题的解释（节录）

第八条 经营者具有下列行为之一，足以造成相关公众误解的，可以认定为反不正当竞争法第九条第一款规定的引人误解的虚假宣传行为：

（一）对商品作片面的宣传或者对比的；

（二）将科学上未定论的观点、现象等当作定论的事实用于商品宣传的；

（三）以歧义性语言或者其他引人误解的方式进行商品宣传的。

以明显的夸张方式宣传商品，不足以造成相关公众误解的，不属于引人误解的虚假宣传行为。

人民法院应当根据日常生活经验、相关公众一般注意力、发生误解的事实和被宣传对象的实际情况等因素，对引人误解的虚假宣传行为进行认定。

第五节 侵犯商业秘密行为

【规则要点】

经营者不得实施侵犯商业秘密的行为，经营者违反反不正当竞争法规定侵犯商业秘密的，将会被监督检查部门责令停止违法行为并处以罚款。

【理解与适用】

一、侵犯商业秘密行为的认定

商业秘密，是指不为公众所知悉、具有商业价值并经权利人采取相应保密措施的技术信息和经营信息，即商业秘密应当具备秘密性、价值性和保密性。上述对商业秘密的定义中“权利人”，是指依法对商业秘密享有所有权或者使用权的公民、法人或者其他组织；“权利人采取保密措施”，包括订立保密协议，建立保密制度及采取其他合理的保密措施。在实践中，人民法院根据所涉信息载体的特性、权利人保密的意愿、保密措施的可识别程度、他人通过正当方式获得的难易程度等因素，认定权利人是否采取了保密措施；“技术信息和经营信息”，包括设计、程序、产品配方、制作工艺、制作方法、管理诀窍、客户名单、货源情报、产销策略、招投标中的标底及标书内容等信息；而“不为公众所知悉”，是指该信息是不能从公开渠道直接获取的。

根据《最高人民法院关于审理不正当竞争民事案件应用法律若干问题的解释》第9条规定，如果该信息属于下列情形时，均不能认定该信息不为公众所知悉：

1. 该信息为其所属技术或者经济领域的人的一般常识或者行业惯例；

2. 该信息仅涉及产品的尺寸、结构、材料、部件的简单组合等内容，进入市场后相关公众通过观察产品即可直接获得；

3. 该信息已经在公开出版物或者其他媒体上公开披露、已通过公开的报告会、展览等方式公开；

4. 该信息从其他公开渠道可以获得；

5. 该信息无须付出一定的代价而容易获得。

《最高人民法院关于审理不正当竞争民事案件应用法律若干问题的解释》第12条规定，通过自行开发研制或者反向工程等方式获得的商业秘密，不认定为反不正当竞争法规定的侵犯商业秘密行为。这里的“反向工程”，是指通过技术手段对从公开渠道取得的产品进行拆卸、测绘、分析等而获得该产品的有关技术信息。但是当事人以不正当手段知悉了他人的商业秘密之后，又以反向工程为由主张获取行为合法的，仍属于侵犯商业秘密的行为。

根据反不正当竞争法第 9 条规定，经营者不得以盗窃、贿赂、欺诈、胁迫或者其他不正当手段获取权利人的商业秘密；不得披露、使用或者允许他人使用以前项手段获取的权利人的商业秘密；不得违反约定或者违反权利人有关保守商业秘密的要求，披露、使用或者允许他人使用其所掌握的商业秘密。除此之外，如果第三人明知或者应知商业秘密权利人的员工、前员工或者其他单位、个人实施前面所列的行为，仍获取、披露、使用或者允许他人使用该商业秘密的，视为侵犯商业秘密。

根据上述规定，经营者不正当获取商业秘密的行为，不正当披露、使用或者允许他人使用商业秘密的行为，以及违反约定或者要求侵犯商业秘密的行为，都将为反不正当竞争法所禁止。以上三种行为均属于直接侵犯商业秘密的行为，为了更加全面地保护商业秘密不受侵犯，反不正当竞争法还特别规定，第三人在明知或应知他人实施侵犯商业秘密行为的情形下，继续获取、披露、使用或者允许他人使用该商业秘密的，也属于侵犯商业秘密，会受到制裁。侵犯商业秘密行为由县级以上市场监督管理机关认定处理。

二、侵犯商业秘密行为的法律责任

经营者违反反不正当竞争法规定侵犯商业秘密的，将会被监督检查部门责令停止违法行为，处十万元以上五十万元以下的罚款；情节严重的，处五十万元以上三百万元以下的罚款。

经营者实施侵犯商业秘密的行为，权利人因被侵权所受到的实际损失、侵权人因侵权所获得的利益难以确定的，由人民法院根据侵权行为的情节判决给予权利人三百万元以下的赔偿。如果侵权人拒不执行处罚决定，继续实施反不正当竞争法所列侵犯商业秘密行为的，则视为是新的违法行为，将会从重予以处罚。

根据《最高人民法院关于审理不正当竞争民事案件应用法律若干问题的解释》的相关规定，权利人因侵犯商业秘密行为造成的损害赔偿问题向市场监督管理机关提出调解要求的，市场监督管理机关可以进行调解。权利人也可以直接向人民法院起诉，请求损害赔偿。当事人指称他人侵犯其商业秘密的，应当对其拥有的商业秘密符合法定条件、对方当事人的信息与其商业秘密相同或者实质相同以及对方当事人采取不正当手段的事实负举证责任。其中，商业秘密符合法定条件的证据，包括商业秘密的载体、具体内容、商业价值和对该项商业秘密所采取的具体保密措施等。对于侵犯商业秘密行为，商业秘密独占使用许可合同的被许可人可以提起诉讼；排他使用许可合同的被许可人可以和权利人共同提起诉讼，或者在权利人不起诉的情况下自行提起诉讼，人民法院都应当依法受理；普通使用许可合同的被许可人可以和权利人共同提起诉讼，或者经权利人书面授权后也可以单独提起诉讼。人民法院对于侵犯商业秘密行为判决停止侵害的民事责任时，停止侵害的时间一般持续到该项商业秘密已为公众知悉时为止。但如果依据上述规定判决停止侵害的时间明显不合理时，可以在依法保护权利人该项商业秘密竞争优势的情况下，判决侵权人在一定期限或者范围内停止使用该项商业秘密。

【风险提示】

商业秘密应当具备秘密性、价值性和保密性，但不一定具备实用性。即一些方案或者技术（例如：失败的研究数据、失败的经营方式和经营模式等），虽然并不能带来积极的经济利益，但可以降低研发成本、减少研发的曲折和弯路，具有值得保护的经济价值，同样受到反不正当竞争法的保护。

【相关案例】

北京一得阁墨业有限责任公司诉北京传人文化艺术有限公司、高某商业秘密侵权案

高某于1978年调入北京一得阁墨汁厂工作，于1987年至1995年任主管技术的副厂长，负责全厂的技术开发、产品升级换代、技术改造、技术攻关及日常技术管理方面的组织领导工作，组织领导制定技术标准、工艺

操作规程等。一得阁墨汁厂于1967年研制成功了北京墨汁，又于20世纪80年代研制开发了“一得阁墨汁”和“中华墨汁”；1996年5月24日，上述两种产品被列为北京市国家秘密技术项目。1997年7月14日一得阁工贸集团还成立了保密委员会，高某任副组长。此外，北京一得阁墨业有限责任公司（简称“一得阁公司”）还自1995年开始研制开发了“云头艳墨汁”并于2003年正式投产。一得阁公司采取主料、辅料分别提供的办法对墨汁配方进行保密。北京传人文化艺术有限公司（简称“传人公司”）成立于2002年1月9日，高某是该公司最大的股东，其妻王某为法定代表人。2002年底传人公司生产出了“国画墨汁”“书法墨汁”“习作墨汁”三种产品。2003年5月9日，一得阁公司与高某解除了劳动关系，同年5月27日一得阁公司公证购买了传人公司生产的三种产品，一得阁公司认为上述三种产品的品质、效果指标与其生产的“一得阁墨汁”“中华墨汁”“北京墨汁”相同或非常近似。

一得阁公司于2003年7月24日向北京市第一中级人民法院起诉称传人公司和高某侵害其商业秘密，造成其经济损失。请求法院判令两被告立即停止侵犯原告商业秘密的行为；全部销毁侵犯原告商业秘密的产品；两被告连带赔偿原告经济损失3万元。

北京市第一中级人民法院一审理认为：一得阁公司主张权利的“中华墨汁”“一得阁墨汁”“北京墨汁”及“云头艳墨汁”的配方已符合商业秘密的构成条件，应作为商业秘密依法受到保护。虽然一得阁公司未与高某订立书面保密协议，但高某作为一得阁公司的高级管理人员，负有保护企业商业秘密的义务。综合分析本案事实，并结合高某与一得阁公司解除劳动关系前便以最大股东身份参与组建传人公司的事实，应当认定高某违背了保守商业秘密的义务，向传人公司披露了一得阁公司的墨汁配方，故高某应承担停止侵害、赔偿损失的民事责任。传人公司明知高某披露的墨汁配方属于一得阁公司的商业秘密而予以使用，亦侵犯了一得阁公司的商业秘密，应当停止侵权并与高某共同承担赔偿损失的民事责任。

高某、传人公司均不服一审判决，向北京市高级人民法院提起上诉。该院于2005年9月9日作出驳回上诉、维持原判的终审判决。

在本案中，商业秘密本身的认定及商业秘密侵权行为的构成是核心问题。争议焦点在于，被列为国家秘密技术项目的产品，其配方信息是否属于商业秘密。国家秘密中的信息由于关系国家安全和利益，是处于尚未公开或者依照有关规定不应当公开的内容。因此，被列为国家秘密技术项目的产品，其配方信息属于商业秘密。

【法条指引】

中华人民共和国反不正当竞争法（节录）

第九条 经营者不得实施下列侵犯商业秘密的行为：

（一）以盗窃、贿赂、欺诈、胁迫、电子侵入或者其他不正当手段获取权利人的商业秘密；

（二）披露、使用或者允许他人使用以前项手段获取的权利人的商业秘密；

（三）违反保密义务或者违反权利人有关保守商业秘密的要求，披露、使用或者允许他人使用其所掌握的商业秘密；

（四）教唆、引诱、帮助他人违反保密义务或者违反权利人有关保守商业秘密的要求，获取、披露、使用或者允许他人使用权利人的商业秘密。

经营者以外的其他自然人、法人和非法人组织实施前款所列违法行为的，视为侵犯商业秘密。

第三人明知或者应知商业秘密权利人的员工、前员工或者其他单位、个人实施本条第一款所列违法行为，仍获取、披露、使用或者允许他人使用该商业秘密的，视为侵犯商业秘密。

本法所称的商业秘密，是指不为公众所知悉、具有商业价值并经权利人采取相应保密措施的技术信息、经营信息等商业信息。

最高人民法院关于审理不正当竞争民事案件应用法律若干问题的解释（节录）

第九条 有关信息不为其所属领域的相关人员普遍知悉和容易获得，应当认定为反不正当竞争法第十条第三款规定的“不为公众所知悉”。

具有下列情形之一的，可以认定有关信息不构成不为公众所知悉：

（一）该信息为其所属技术或者经济领域的人的一般常识或者行业

惯例；

（二）该信息仅涉及产品的尺寸、结构、材料、部件的简单组合等内容，进入市场后相关公众通过观察产品即可直接获得；

（三）该信息已经在公开出版物或者其他媒体上公开披露；

（四）该信息已通过公开的报告会、展览等方式公开；

（五）该信息从其他公开渠道可以获得；

（六）该信息无需付出一定的代价而容易获得。

第十条　有关信息具有现实的或者潜在的商业价值，能为权利人带来竞争优势的，应当认定为反不正当竞争法第十条第三款规定的“能为权利人带来经济利益、具有实用性”。

第十一条　权利人为防止信息泄漏所采取的与其商业价值等具体情况相适应的合理保护措施，应当认定为反不正当竞争法第十条第三款规定的“保密措施”。

人民法院应当根据所涉信息载体的特性、权利人保密的意愿、保密措施的可识别程度、他人通过正当方式获得的难易程度等因素，认定权利人是否采取了保密措施。

具有下列情形之一，在正常情况下足以防止涉密信息泄漏的，应当认定权利人采取了保密措施：

（一）限定涉密信息的知悉范围，只对必须知悉的相关人员告知其内容；

（二）对于涉密信息载体采取加锁等防范措施；

（三）在涉密信息的载体上标有保密标志；

（四）对于涉密信息采用密码或者代码等；

（五）签订保密协议；

（六）对于涉密的机器、厂房、车间等场所限制来访者或者提出保密要求；

（七）确保信息秘密的其他合理措施。

第十二条　通过自行开发研制或者反向工程等方式获得的商业秘密，不认定为反不正当竞争法第十条第（一）、（二）项规定的侵犯商业秘密行为。

前款所称“反向工程”，是指通过技术手段对从公开渠道取得的产品进行拆卸、测绘、分析等而获得该产品的有关技术信息。当事人以不正当手段知悉了他人的商业秘密之后，又以反向工程为由主张获取行为合法的，不予支持。

第六节 不正当有奖销售行为

【规则要点】

经营者不得实施利用物资、金钱或者其他经济利益引诱购买者与之交易，排挤竞争对手的不正当有奖销售行为。经营者违反反不正当竞争法规定进行有奖销售的，将会被监督检查部门责令停止违法行为并处以罚款。

【理解与适用】

一、不正当有奖销售行为的认定

有奖销售，是指经营者销售商品或者提供服务，附带性地向购买者提供物品、金钱或者其他经济上的利益的行为，包括奖励所有购买者的附赠式有奖销售和奖励部分购买者的抽奖式有奖销售。凡以抽签、摇号等带有偶然性的方法决定购买者是否中奖的，均属于抽奖方式。

有奖销售作为经营者的促销手段，并不为法律所一般禁止，法律所禁止的有奖销售行为限于不正当有奖销售行为。根据反不正当竞争法第10条规定，构成不正当有奖销售行为的有以下几类。

其一，所设奖的种类、兑奖条件、奖金金额或者奖品等有奖销售信息不明确，影响兑奖；

其二，采用谎称有奖或者故意让内定人员中奖的欺骗方式进行有奖销售；

其三，抽奖式的有奖销售，最高奖的金额超过五万元。

对于抽奖式的有奖销售，如果是以非现金的物品或者其他经济利益作为奖励的，则按照同期市场同类商品或者服务的正常价格折算其金额，据此判断经营者的行为是否构成不正当有奖销售。

根据《关于禁止有奖销售活动中不正当竞争行为的若干规定》第6条，经营者举办有奖销售，应当向购买者明示其所设奖的种类、中奖概率、奖金金额或者奖品种类、兑奖时间、方式等事项。属于非现场即时开奖的抽奖式有奖销售，告知事项还应当包括开奖的时间、地点、方式和通知中奖者的时间、方式。经营者对已经向公众明示的上述事项不允许变更。在销售现场即时开奖的有奖销售活动，对超过五百元以上奖的兑奖情况，经营者应当随时向购买者明示。

二、不正当有奖销售行为的法律责任

经营者违反反不正当竞争法规定进行有奖销售的，将会被监督检查部门责令停止违法行为，处五万元以上五十万元以下的罚款。

【风险提示】

在经营者违反反不正当竞争法关于有奖销售规定的情况下，经营者不仅要承担相应的行政责任，在获奖者要求经营者依据兑奖承诺履行义务时，经营者仍然需要按照其兑奖承诺如期将奖品兑现给获奖者。

【相关案例】

陈某诉沙河实业股份有限公司彩票、奖券纠纷案

2003年9月13日，被告沙河实业股份有限公司在南山区世纪广场及会所游泳池处为其开发的世纪村王府楼盘举办开盘活动，并同时举办了晚会抽奖活动。原告陈某在该开盘活动的抽奖活动中抽得特等奖，奖品为8万元的车位一个。特等奖兑奖券注明："＊凭本券到兑奖处领取奖品＊本券不可兑换现金＊本券解释权归沙河实业股份有限公司所有。"原告当晚到被告设立的领奖处领奖，因被告无法提供车位的所有权证明，且对车位大小、种类、性质产生歧义，故原告拒绝领奖。原告与被告经多次协商未果，后遂于2005年1月7日起诉至本院。另查，在被告举办世纪村王府楼盘开盘活动中，被告并未将所设特等奖奖品现场予以明示，也没有公示有

关抽奖活动的规定等。

法院认为，根据《中华人民共和国反不正当竞争法》的规定：被告的有奖销售活动超过抽奖式的有奖销售最高奖金额的限额，未经有关部门批准，且未将奖品现场明示，违反了有关法律法规的规定，应予以依法处罚。对被告的上述行为，法院将通过其他途径向有关行政部门提出司法建议解决，本案不再作出处理。本案原告是在被告的上述行为过程中善意取得获奖的车位，虽然被告的行为属于违法违规的行为，但并不能因此否定被告在举办上述有奖销售活动中所作出的兑奖的公开承诺。综述，不管被告所举办的上述有奖销售活动是否无效，是否应当处罚，都不能因此影响原告获得上述车位的权利或要求作出相应赔偿的民事权利等。被告应当根据自愿、公平、诚实信用的原则，履行已经作出的承诺，为中奖者即原告实施兑奖义务，否则，应当赔偿原告可得利益的损失即车位价值80000元。

【法条指引】

中华人民共和国反不正当竞争法（节录）

第十条 经营者进行有奖销售不得存在下列情形：

（一）所设奖的种类、兑奖条件、奖金金额或者奖品等有奖销售信息不明确，影响兑奖；

（二）采用谎称有奖或者故意让内定人员中奖的欺骗方式进行有奖销售；

（三）抽奖式的有奖销售，最高奖的金额超过五万元。

关于禁止有奖销售活动中不正当竞争行为的若干规定（节录）

第三条 禁止下列欺骗性有奖销售行为：

（一）谎称有奖销售或者对所设奖的种类，中奖概率，最高奖金额，总金额，奖品种类、数量、质量、提供方法等作虚假不实的表示。

（二）采取不正当的手段故意让内定人员中奖。

（三）故意将设有中奖标志的商品、奖券不投放市场或者不与商品、奖券同时投放市场；故意将带有不同奖金金额或者奖品标志的商品、奖券按不同时间投放市场。

（四）其他欺骗性有奖销售行为。

前款第（四）项行为，由省级以上工商行政管理机关认定。省级工商行政管理机关作出的认定，应当报国家工商行政管理局备案。

第四条 抽奖式的有奖销售，最高奖的金额不得超过五千元。

以非现金的物品或者其他经济利益作奖励的，按照同期市场同类商品或者服务的正常价格折算其金额。

第五条 经营者不得利用有奖销售手段推销质次价高的商品。

前款所称“质次价高”，由工商行政管理机关根据同期市场同类商品的价格、质量和购买者的投诉进行认定，必要时会同有关部门认定。

第六条 经营者举办有奖销售，应当向购买者明示其所设奖的种类、中奖概率、奖金金额或者奖品种类、兑奖时间、方式等事项。属于非现场即时开奖的抽奖式有奖销售，告知事项还应当包括开奖的时间、地点、方式和通知中奖者的时间、方式。

经营者对已经向公众明示的前款事项不得变更。

在销售现场即时开奖的有奖销售活动，对超过五百元以上奖的兑奖情况，经营者应当随时向购买者明示。

第七节 商业诋毁行为

【规则要点】

经营者不得在市场交易中实施商业诋毁行为，即不得在市场交易中，故意捏造、散布虚伪事实，损害竞争对手的商业信誉和商品声誉，削弱竞争对手的竞争能力。否则，将会被监督检查部门责令停止违法行为、消除影响并处以罚款。涉及刑事犯罪的还将被处以刑罚。

【理解与适用】

一、商业诋毁行为的认定

商业诋毁，或称诋毁商誉、商业诽谤，是指从事生产、经营活动的市场主体为了占领市场，针对同类竞争对手，在市场交易中，故意捏造、散布虚伪事实，损害竞争对手的商业信誉和商品声誉，削弱竞争对手的竞争能力的行为。

据此，商业诋毁行为的构成应当具备以下要件：

第一，行为的主体是经营者，并且行为人与受害者之间具有竞争关系；

第二，行为人主观上具有过错；

第三，行为人在客观上有诋毁行为，即编造、传播虚假信息或者误导性信息的行为；

第四，行为的后果是被诋毁者的商业形象或商品形象方面的社会评价降低或有降低的可能性。

反不正当竞争法规定，经营者不得编造、传播虚假信息或者误导性信息，损害竞争对手的商业信誉、商品声誉。除反不正当竞争法外，广告法对通过广告形式实施的商业诋毁行为进行了规制，禁止广告贬低其他经营者的商品或者服务。

商业诋毁行为的表现形式是多种多样的，可以是利用口头或书面形式制造、散布诋毁、贬低他人的虚假信息，也可以是以片面性的、夸大性的不当说法影射他人的商业信誉或者产品声誉。

实践中商业诋毁行为主要有以下几类。

1. 利用散发公开信、召开新闻发布会或刊登对比性广告等形式，编造、传播损害竞争对手的商业信誉、商品声誉的虚假信息或者误导性信息；

2. 与他人的业务往来中，向业务客户及消费者编造、传播虚假信息或者误导性信息，以贬低竞争对手的商业信誉、商品声誉；

3. 利用商品的说明书，吹嘘本产品质量上乘，贬低同业竞争对手生产、销售的同类产品；

4. 唆使他人在公众中造谣并传播消息称竞争对手所售的商品质量有问题，使公众对该产品失去信赖，以便自己的产品取而代之；

5. 组织人员，以顾客或者消费者的名义，向有关监督管理部门作关于竞争对手产品质量低劣、服务质量差、侵害消费者权益等情况的虚假投诉，从而达到贬损其商业信誉、商品声誉的目的。

商业诋毁行为可以是针对特定的竞争者，也可以是针对不特定的竞争者，但相关公众可以从中推测其指向。以上行为均是反不正当竞争法所禁止的。

二、实施商业诋毁行为的法律责任

经营者违反反不正当竞争法的规定损害竞争对手商业信誉、商品声誉的，将会被监督检查部门责令停止违法行为、消除影响，处十万元以上五十万元以下的罚款；如果情节严重的，将会被处五十万元以上三百万元以下的罚款。此外，刑法还规定了损害商业信誉、商品声誉罪，即捏造并散布虚伪事实，损害他人的商业信誉、商品声誉，给他人造成重大损失或者有其他严重情节的，处2年以下有期徒刑或者拘役，并处或者单处罚金。

【风险提示】

1. 当事人在对他人提起专利权侵权诉讼过程中，向有关部门发出的反映对方存在侵权事实的函件并不必然构成商业诋毁。但是，相关函件的内容必须适度和合理，不能超出一般反映问题的范围，这主要从用词、表述和内容等方面进行综合认定。如果超出了反映问题的范围，则应当认定为商业诋毁。

2. 在没有提供相关事实依据以及司法机关未对有关当事人是否侵犯其商业秘密作出权威认定的情况下，擅自发布对该当事人不利的否定性评价，已经对该当事人的正常经营造成了实质性影响，足以损害该当事人的商业信誉，构成商业诋毁的不正当竞争行为。

【相关案例】

案例1

宣达实业集团有限公司与孟莫克公司、孟山都（上海）有限公司商业诋毁纠纷案

2004年6月，原告宣达实业集团有限公司（简称“宣达公司”）与两

名自然人共同投资设立案外人上海奥格利公司。被告孟山都（上海）有限公司（简称“孟山都公司”）系由美国孟山都公司在中国独资设立的有限责任公司。

2005年3月，案外人龙盛公司与伊藤忠公司合资设立忠盛公司。同年5月，忠盛公司委托案外人捷盛公司建设生产硫酸产品所需所有设备的项目工程。同年7月，上海奥格利公司与捷盛公司签订合同，约定由上海奥格利公司向捷盛公司有偿提供干吸塔低温热量回收（DWHS）专有技术，合同履行地为浙江上虞杭州湾精细化工园区。该项目被地方政府列入2005年温州市技术创新重点项目计划，承担单位为原告宣达公司。

2006年4月12日，被告孟莫克公司以侵犯商业秘密为由，向上海市第一中级人民法院起诉宣达公司、上海奥格利公司、捷盛公司、忠盛公司、龙盛公司、洪某，指控宣达公司、上海奥格利公司提供的DWHS技术与其HRS技术相同，侵犯其商业秘密。法院经审理认为，该案原告主张的技术与被控侵权技术并不相同，于2009年8月21日判决驳回孟莫克公司的全部诉讼请求。

2006年6月20日，被告委托律师向忠盛公司的股东伊藤忠公司发送律师函，要求伊藤忠公司“采取必要措施责令忠盛公司停止侵犯委托人商业秘密的行为”。函中告知了孟莫克公司已提起商业秘密侵权诉讼一事，并称“委托人在本案中非常可能获得全面的胜诉”“一旦委托人胜诉，捷盛/忠盛项目将可能被停建乃至拆除”。

2006年9月13日，被告委托律师向中国化工学会无机酸碱盐专业委员会发送律师函，指称“从2004年，MECS, Inc的前员工洪某、宣达公司和上海奥格利公司等开始侵犯委托人的HRS技术秘密，将其改称为DWHS技术在中国市场上进行兜售”“上述侵权人将可能在会上（第26届硫酸技术交流会）宣传其DWHS技术，并且某些与会代表将被组织参观捷盛/忠盛项目，……我们恳请贵会能够在上述交流会期间，禁止上述违法宣传侵权技术和产品的行为，取消安排与会代表参观捷盛/忠盛项目的议程”等内容。

2006年9月20日，被告孟莫克公司分别向杭州湾精细化工园区管委会主任、上虞市发改局局长发送《孟莫克公司商业秘密被侵权案件》的函，两份函件内容基本一致，主要内容为：“旨在反映捷盛公司和忠盛公司在上虞市杭州湾精细化工园区建造的年产30万吨的硫酸工厂项目侵犯我公司技术秘密并存在重大安全隐患的情况……”函件同时要求相关部门必要时暂停该项目中DWHS单元的开车和试车。

2007年4月10日，被告孟莫克公司、孟山都公司委托律师向中国硫酸工业协会齐焉常务副理事长发送律师函，指称“宣达公司作为一个已被诉至法院的侵权者，竟然还能利用贵会所组织的全国性硫酸专业会议这一平台宣传其涉嫌侵权技术……恳请贵会立即阻止宣达公司在中国硫磺市场及硫磺制酸座谈会上，以任何名义进行任何有关于涉嫌侵权的DWHS技术的宣传”等内容。

2007年6月4日，被告孟莫克公司、孟山都公司委托律师向无锡东沃公司发送律师函，内容也涉及原告侵犯其商业秘密的事宜，并要求无锡东沃公司停止及拒绝与宣达公司及上海奥格利进行任何有关购买DWHS技术的磋商、谈判或合作。

关于被告孟莫克公司向杭州湾精细化工园区管委会、上虞市发改局，以及向中国硫酸工业协会和中国化工学会无机酸碱盐专业委员会致函的行为是否构成商业诋毁，法院认为：被告发送函件的对象为地方职能部门和行业协会，如果其旨在督促处理存在的问题，不能仅仅由于激烈的言辞等而认定其散布了虚伪的事实。但是，如果向这些部门表达意见时超出了正常反映问题的范围，则有可能会损害被反映一方的商业信誉。本案中，被告发送的上述函件的内容除了被告孟莫克公司提起侵犯商业秘密诉讼所依据的事实及理由外，还包括了原告技术设备“存在重大安全隐患”，以及阻止原告在2007年5月中国硫磺市场及硫磺制酸座谈会和第26届硫酸技术交流会上宣传DWHS技术和产品的行为，取消安排与会代表参观忠盛捷盛/项目的议程等内容。被告在没有任何证据的情况下发表忠盛项目“存在重大安全隐患”这样明示问题严重程度的否定性表述，其行为显然已经超出了正常反映问题的范围，会对原告的生产经营产生不良影响，从而损害原告的商业信誉。

关于两被告的委托律师向忠盛公司的外方股东伊藤忠公司和无锡东沃公司致函行为是否构成商业诋毁，法院认为：两被告发送该律师函时法院对其提起的侵犯商业秘密诉讼尚未作出判决，两被告在没有提供相关事实依据以及司法机关未对原告等是否侵犯其商业秘密作出权威认定的情况下，擅自发布上述对原告不利的否定性评价，被告的行为已经对原告的正常经营造成了实质性影响，足以损害原告的商业信誉。

综上所述，两被告的行为构成对原告的商业诋毁，依法应承担停止侵害、消除影响、赔偿损失等民事责任。

案例2

上海济辰节能科技有限公司与成都其昌节水器具研究所商业诋毁纠纷案

原告上海济辰节能科技有限公司诉称：原、被告均系研发、生产、销售节水龙头的同行业企业，存在业务竞争关系。自2012年开始至今，被告在其网站www. qicang. cn上发布大量虚假信息，捏造、歪曲事实，对原告商业信誉、商品声誉进行恶意诋毁和诽谤。具体涉及被告在其公司网站上发表的《上海济辰节能公司节水龙头检验报告严重造假》等9篇文章。这些文章中构成商业诋毁的内容主要包括三个方面：（1）诋毁原告公司的产品质量不合格，质量鉴定结果造假；（2）诋毁原告公司侵犯专利权及著作权；（3）对原告公司的规模、管理、技术、商业诚信等进行诋毁。原告认为，被告作为原告的同行业竞争者，捏造、散布虚假信息，恶意诋毁原告，构成不正当竞争，给原告造成重大经济损失。故原告向法院提起诉讼，请求判令：被告立即停止商业诋毁的不正当竞争行为。

被告成都其昌节水器具研究所辩称：原、被告双方经营的产品不同，主要市场用户不同，不存在直接的竞争关系，不符合商业诋毁的行为主体；涉案9篇文章的确系被告发表在其网站上，文章涉及的原告检验报告严重造假、销售的产品质量低劣、原告侵犯被告的专利权和著作权、原告通过虚假宣传获得不正当利益等情况确有其事，是被告基于对客观事实作出的分析、评论，属于合理的质疑、批评，并非捏造、散布虚假事实，并不存在恶意对原告的商业信誉、商品声誉进行诋毁和贬低，不具有不正当竞争的主观意图，即使被告的评论、批评中存在过激、不妥的地方，造成原告的商誉受损，也最多属于法人名誉权纠纷，不应纳入我国反不正当竞争法调整的商业诋毁范畴。

法院经审理认为，认定本案被控侵权行为是否构成商业诋毁，应从以下方面予以考虑。

其一，关于行为主体问题。原、被告均为节水器具、节水龙头等产品的经营者，存在同业竞争关系，符合中国反不正当竞争法对于商业诋毁行为主体认定的要求。

其二，关于被告是否存在“编造、传播虚假信息”的问题。所谓的“虚假信息”，不仅包括凭空捏造的虚假信息，也应该包括建立在一定事实基础上，通过断章取义、主观臆断、夸大扭曲等方式作出的对竞争对手商品和商誉具有诋毁性效果的其他引人误解的陈述。本案中，被告作为节水器具、节水龙头等产品的经营者，对于涉案相关产品适用的相关国家标准和技术规范以及运用的材料、技术等相对较为熟悉，相比其他人而言具备更多的专业知识，但被告同时又是原告的同业竞争者，且所涉争议直接与其相关，因此被告在收集材料、依据自己的专业知识进行分析、作出结论、发表评论以及实施举报行为等时，相比其他普通个人、法人和其他组织应负有更高的注意义务，在上述过程中应该更为严谨、审慎。但从本案查明的事实看，被告认为原告产品质量不合格，但其对购买的产品除进行自行检测、比对外，并未交相关检测机构进行检测；被告认为原告侵犯其专利权、著作权，并存在虚假宣传等不正当竞争行为，但并未向法院提起相关诉讼；其针对原告专利提起无效宣告请求，请求被驳回后，也未再提起相关诉讼。可见，涉案文章中的上述相关内容，实际上是被告对相关争议擅自作出的结论，并基于其擅自作出的结论，对原告进行引人误解的不利的否定性评价，应属于编造、传播虚假信息。同时被告将涉案文章发布于其网站，任何能够登录互联网的计算机用户均有机会接触到该信息，其行为属于向不特定的公众传播虚假信息。

其三，关于原告的商誉是否受到损害的问题。涉案节水龙头产品是面向社会和普通家庭的大众化产品，被告作为原告的同业竞争者，对原告进行否定性评价，并将其自己的产品与原告的产品进行比较，以显示其产品优势，极易误导消费者、经销商等相关公众，进而改变相关公众的选择。被告的行为已经对原告的正常经营造成了实质性影响，并使相关公众对原告的产品质量和企业形象产生不良印象，使原告的社会评价度降低，损害了原告的商业信誉和商品声誉。

综上所述，被告的行为构成对原告商业诋毁的不正当竞争行为，依法应承担相应的民事责任。故判决被告成都其昌节水器具研究所立即停止对原告上海济辰节能科技有限公司商业诋毁的不正当竞争行为。

【法条指引】

中华人民共和国反不正当竞争法（节录）

第十一条 经营者不得编造、传播虚假信息或者误导性信息，损害竞争对手的商业信誉、商品声誉。

第二十三条 经营者违反本法第十一条规定损害竞争对手商业信誉、商品声誉的，由监督检查部门责令停止违法行为、消除影响，处十万元以上五十万元以下的罚款；情节严重的，处五十万元以上三百万元以下的罚款。

第八节 通过互联网技术进行的不正当竞争行为

【规则要点】

经营者通过互联网技术妨碍、破坏其他经营者合法提供的网络产品或者服务正常运行的，将会被监督检查部门责令停止违法行为并被处以罚款。

【理解与适用】

一、通过互联网技术进行的不正当竞争行为的认定

随着互联网技术的普及和应用，实践中出现了诸多通过互联网技术进行的不正当竞争行为。经营者利用网络从事生产经营活动，同样会受到反不正当竞争法的规制。反不正当竞争法规定，经营者利用网络从事生产经营活动，应当遵守反不正当竞争法的各项规定。经营者不得利用技术手段，通过影响用户选择或者其他方式，实施下列妨碍、破坏其他经营者合法提供的网络产品或者服务正常运行的行为。

其一，未经其他经营者同意，在其合法提供的网络产品或者服务中，插入链接、强制进行目标跳转。

这种行为不仅是一种不正当竞争行为，在其他经营者合法提供的网络产品或者服务中强制进行目标跳转还会妨害网络用户的自主控制权，侵害网络用户的权益。

其二，误导、欺骗、强迫用户修改、关闭、卸载其他经营者合法提供的网络产品或者服务。

其三，恶意对其他经营者合法提供的网络产品或者服务实施不兼容。

需要注意的是，恶意对其他经营者合法提供的网络产品或者服务实施不兼容的行为既有可能构成不正当竞争，也可能构成垄断行为。如果经营者是具有垄断地位的经营者，则有可能将其拒绝兼容的行为认定为垄断，但如果是不具有垄断地位的一般经营者，其实施的拒绝兼容的行为则没有认定为垄断行为的可能，而可能被认定为不正当竞争行为。

其四，其他妨碍、破坏其他经营者合法提供的网络产品或者服务正常运行的行为。

实践中法院在裁判通过互联网技术进行不正当竞争行为的案件时，首先要判断当事人之间是否存在竞争关系，在此前提下进一步判断行为人的行为是否具有不正当性、行为人是否具有主观故意，最后还要认定行为人实施的行为对其他经营者是否造成损害。

二、通过互联网技术进行的不正当竞争行为的法律责任

经营者违反反不正当竞争法的规定，妨碍、破坏其他经营者合法提供的网络产品或者服务正常运行的，将会被监督检查部门责令停止违法行为，处十万元以上五十万元以下的罚款；情节严重的，处五十万元以上三百万元以下的罚款。

【风险提示】

随着网络不正当竞争行为在反不正当竞争法中正式加以规定，互联网经营者在经营活动中应注意避免实施妨碍、破坏其他经营者合法提供的网络产品或者服务正常运行的行为。

【相关案例】

北京百度网讯科技有限公司、百度在线网络技术（北京）有限公司诉北京奇虎科技有限公司、奇智软件（北京）有限公司不正当竞争案

2012年2月和3月，北京奇虎科技有限公司（简称“奇虎公司”）的360安全卫士在百度网（www.baidu.com）搜索结果页面上有选择地插入了红底白色感叹号图标作为警告标识，以警示用户该搜索结果对应的网站存在风险，即使搜索结果对应的为同一个网站，对google等其他搜索引擎网站的结果页面却没有进行插标，而且，奇虎公司不仅进行了插标，还逐步引导用户点击安装360安全浏览器，通过百度搜索引擎服务对其浏览器产品进行推广。2012年3月和4月，奇虎公司在其网址导航网站（hao.360.cn）网页上嵌入百度搜索框，改变了百度网在其搜索框上向用户提供的下拉提示词，引导用户访问本不在相关关键字搜索结果中靠前位置的，甚至与用户搜索目的完全不同的奇虎公司经营的影视、游戏等页面，获得更多的用户访问量，并且在网络用户仅设置搜索方向并未输入相关关键词的时候，也引导其进入奇虎公司的相关网页。北京百度网讯科技有限公司、百度在线网络技术（北京）有限公司以不正当竞争为由，将其诉至北京市第一中级人民法院。

法院经审查认为：为了保护网络用户的合法利益，应当允许和鼓励网络安全软件经营者通过某种手段识别损害网络用户利益的信息并以适当的方式警示网络用户。本案中，奇虎公司并未证明其进行插标的搜索结果中的电话号码会损害网络用户的利益，也没有证明插标是保护网络用户免受此类信息损害的必要手段，因此，奇虎公司没有证明其在百度搜索结果网页上进行插标具有公益必要性。奇虎公司在自行设置下拉提示词的同时，还采取了以下行为：在用户设置其他搜索方向的情况下插入与用户设置的搜索方向关联性很小的下拉提示词；引导用户访问本不在相关关键字搜索结果中靠前位置的甚至与用户搜索目的完全不同的奇虎公司经营的影视、游戏等页面；点击奇虎公司设置的下拉提示词，不进入百度搜索结果网页，直接进入奇虎公司经营的影视、游戏等页面；网络用户在仅设置搜索方向并未输入相关关键词时会进入奇虎公司经营的相关网页。奇虎公司的

上述行为不仅干扰了网络用户对百度搜索的正常使用，还减少了使用百度搜索框的网络用户对百度搜索结果网页的访问。奇虎公司干扰他人互联网产品或服务正常运行的上述行为并非出于保护公共利益的目的，也不产生保护公共利益的效果，明显违反了非公益必要不干扰原则，损害了百度搜索服务提供者的合法权益，扰乱了互联网的正常经营秩序。最终，法院判决奇虎公司立即停止涉案的不正当竞争行为。

【法条指引】

中华人民共和国反不正当竞争法（节录）

第十二条　经营者利用网络从事生产经营活动，应当遵守本法的各项规定。

经营者不得利用技术手段，通过影响用户选择或者其他方式，实施下列妨碍、破坏其他经营者合法提供的网络产品或者服务正常运行的行为：

（一）未经其他经营者同意，在其合法提供的网络产品或者服务中，插入链接、强制进行目标跳转；

（二）误导、欺骗、强迫用户修改、关闭、卸载其他经营者合法提供的网络产品或者服务；

（三）恶意对其他经营者合法提供的网络产品或者服务实施不兼容；

（四）其他妨碍、破坏其他经营者合法提供的网络产品或者服务正常运行的行为。

第二十四条　经营者违反本法第十二条规定妨碍、破坏其他经营者合法提供的网络产品或者服务正常运行的，由监督检查部门责令停止违法行为，处十万元以上五十万元以下的罚款；情节严重的，处五十万元以上三百万元以下的罚款。

第九节　监督检查

【规则要点】

市场监督管理部门和有关部门依法对不正当竞争行为进行查处。监督部门的权力有询问权、查询复制权、检查权和处罚权等。当然，监督检查部门必须依法进行，对调查过程中知悉的商业秘密应当保密。

【理解与适用】

根据全国人大常委会通过的反不正当竞争法规定，国务院建立反不正当竞争工作协调机制，研究决定反不正当竞争重大政策，协调处理维护市场竞争秩序的重大问题。各级人民政府应当采取措施，制止不正当竞争行为，为公平竞争创造良好的环境和条件。

县级以上人民政府履行市场监督管理职责的部门则对不正当竞争行为进行查处；法律、行政法规规定由其他部门查处的，依照其规定。

一、监督检查部门的权力

市场监督管理部门在监督检查不正当竞争行为时，有权行使下列职权：

（一）询问权

监督检查部门有权按照规定程序询问被检查的经营者、利害关系人及其他有关单位、个人，要求其说明有关情况或者提供与被调查行为有关的其他资料。在监督检查部门调查涉嫌不正当竞争行为时，被调查的经营者、利害关系人及其他有关单位、个人有如实提供有关资料或者情况的义务。

（二）查询复制权

监督检查部门有权查询、复制与涉嫌不正当竞争行为有关的协议、账簿、单据、文件、记录、业务函电和其他资料。

（三）检查权

监督检查部门有权进入涉嫌不正当竞争行为的经营场所进行检查。对与涉嫌不正当竞争行为有关的财物可以采取查封、扣押等措施，并可以查询涉嫌不正当竞争行为的经营者的银行账户。

需要说明的是，在采取对与涉嫌不正当竞争行为有关的财物可以采取查封、扣押等措施，或者查询涉嫌不正当竞争行为的经营者的银行账户时，监督检查部门应当向设区的市级以上人民政府监督检查部门主要负责人书面报告，并经批准。

(四) 处罚权

检查监督部门有权对不正当竞争行为进行处罚。处罚的具体形式包括责令停止违法行为、消除影响、没收违法所得、吊销营业执照、罚款等。

二、监督检查部门的义务

反不正当竞争法要求监督检查部门调查涉嫌不正当竞争行为时，要遵守《中华人民共和国行政强制法》和其他有关法律、行政法规的规定，并应当将查处结果及时向社会公开。监督检查部门及其工作人员对调查过程中知悉的商业秘密应当保密。监督检查部门的工作人员滥用职权、玩忽职守、徇私舞弊或者泄露调查过程中知悉的商业秘密的，将会被依法给予处分。

【法条指引】

中华人民共和国反不正当竞争法（节录）

第十三条 监督检查部门调查涉嫌不正当竞争行为，可以采取下列措施：

（一）进入涉嫌不正当竞争行为的经营场所进行检查；

（二）询问被调查的经营者、利害关系人及其他有关单位、个人，要求其说明有关情况或者提供与被调查行为有关的其他资料；

（三）查询、复制与涉嫌不正当竞争行为有关的协议、账簿、单据、文件、记录、业务函电和其他资料；

（四）查封、扣押与涉嫌不正当竞争行为有关的财物；

（五）查询涉嫌不正当竞争行为的经营者的银行账户。

采取前款规定的措施，应当向监督检查部门主要负责人书面报告，并经批准。采取前款第四项、第五项规定的措施，应当向设区的市级以上人民政府监督检查部门主要负责人书面报告，并经批准。

监督检查部门调查涉嫌不正当竞争行为，应当遵守《中华人民共和国行政强制法》和其他有关法律、行政法规的规定，并应当将查处结果及时向社会公开。

第十四条 监督检查部门调查涉嫌不正当竞争行为，被调查的经营者、利害关系人及其他有关单位、个人应当如实提供有关资料或者情况。

第十五条 监督检查部门及其工作人员对调查过程中知悉的商业秘密负有保密义务。

第十六条 对涉嫌不正当竞争行为，任何单位和个人有权向监督检查部门举报，监督检查部门接到举报后应当依法及时处理。

监督检查部门应当向社会公开受理举报的电话、信箱或者电子邮件地址，并为举报人保密。对实名举报并提供相关事实和证据的，监督检查部门应当将处理结果告知举报人。

第二十四条 经营者违反本法第十二条规定妨碍、破坏其他经营者合法提供的网络产品或者服务正常运行的，由监督检查部门责令停止违法行为，处十万元以上五十万元以下的罚款；情节严重的，处五十万元以上三百万元以下的罚款。

第二十五条 经营者违反本法规定从事不正当竞争，有主动消除或者减轻违法行为危害后果等法定情形的，依法从轻或者减轻行政处罚；违法行为轻微并及时纠正，没有造成危害后果的，不予行政处罚。

第二十六条 经营者违反本法规定从事不正当竞争，受到行政处罚的，由监督检查部门记入信用记录，并依照有关法律、行政法规的规定予以公示。

第三章

反垄断法

第一节　反垄断法概述

【规则要点】

素有“经济宪法”之称的《中华人民共和国反垄断法》是保护市场竞争、维护市场竞争秩序和充分发挥市场配置资源决定性作用的重要法律制度。与反不正当竞争法相比，反垄断法的目的是从宏观上维护市场竞争机制、保护社会公共利益，而不是直接地保护特定竞争者的个人利益。

【理解与适用】

一、反垄断法的基本内容

中国反垄断法的立法目的是预防和制止垄断行为，保护市场公平竞争，提高经济运行效率，维护消费者利益和社会公共利益，促进社会主义市场经济健康发展。为了实现这一目的，反垄断法借鉴竞争法发达的国家和地区的经验，在实体法方面禁止垄断协议、禁止滥用市场支配地位、控制经营者集中；基于国情的考虑，反垄断法还禁止滥用行政权力限制竞争的行为。此外，反垄断法还对反垄断执法机构、对涉嫌垄断行为的调查程序和法律责任作出了规定。

与其他国家和地区的反垄断法相比，反垄断法最大的特点是鲜明地立足于中国的基本国情，比如对行政垄断的规定。此外，反垄断法还规定了

"与社会主义市场经济相适应"的基本原则，要求国家制定和实施与社会主义市场经济相适应的竞争规则，完善宏观调控，健全统一、开放、竞争、有序的市场体系。这充分说明反垄断法虽然毫无疑问应当促进市场竞争，但还必须从国情出发，使这部法律与社会主义市场经济相适应：必须维护国家基本经济制度，既要有利于巩固和发展公有制经济，又要有利于鼓励、支持和引导非公有制经济发展；必须按照社会主义市场经济的要求，确立市场竞争基本规则，在国家宏观调控的指导下，使包括国有企业在内的各类企业通过公平、有序地市场竞争开展经营活动；必须从现阶段中国经济社会发展的实际出发，充分考虑中国企业做大做强、提高产业集中度、增强市场竞争能力的需求，统筹协调反垄断与实施国家产业政策的关系，使经营者通过公平竞争和自愿联合，依法实施集中、扩大经营规模、增强市场竞争能力。这三个"必须"集中体现了反垄断法的中国特色，是贯穿这部法律始终的基本精神。

比如反垄断法规定，国有经济占控制地位的关系国民经济命脉和国家安全的行业以及依法实行专营专卖的行业，国家对其经营者的合法经营活动予以保护，并对经营者的经营行为及其商品和服务的价格依法实施监管和调控，维护消费者利益，促进技术进步。同时还规定国有经济占控制地位的关系国民经济命脉和国家安全的行业以及依法实行专营专卖的行业的经营者应当依法经营，诚实守信，严格自律，接受社会公众的监督，不得利用其控制地位或者专营专卖地位损害消费者利益。这样的规定既遵循了反垄断法关于禁止滥用市场支配地位的一般原则，又体现了中国的基本国情。保障国有经济在关系国民经济命脉和国家安全的重要行业和关键领域取得控制地位，是坚持国家基本经济制度的必然要求，对于保障国民经济稳定运行，维护国家安全，具有重要意义。国有经济在关系国民经济命脉和国家安全的行业以及依法实行专营专卖的行业占控制地位，并不等于这些行业都只能由国有独资企业经营，更不是说这些行业的经营者就可以不遵守市场规则，滥用其控制地位，排除或者限制竞争。国家对这些行业的经营者的合法经营活动给予保护的同时，又要对其经营行为及其提供的商品和服务的价格依法实施监管和调控，维护消费者利益，促进技术进步。

二、反垄断法的适用范围

根据属地管辖原则，反垄断法作为国内法，其效力仅限于一国主权范围之内，但伴随经济全球化和贸易自由化浪潮的高涨，跨国公司滥用市场优势地位限制竞争的行为日益普遍，在一国境外发生的限制竞争行为可能对国内产生不利影响。在此情况下，一些国家在立法和司法实践中纷纷突破传统的管辖范围，主张本国反垄断法的域外效力，对发生于国外的限制竞争行为，只要其结果影响了国内市场竞争，不管行为主体的国籍如何，国内反垄断机构都可以依据本国的反垄断法行使管辖权。

中国反垄断法主要适用于中国境内经济活动中的垄断行为。随着经济全球化和中国对外开放的进一步扩大，为了预防和制止境外发生的垄断行为对国内的市场竞争产生不利影响，反垄断法借鉴国际上其他国家的经验，规定了域外效力，即中华人民共和国境外的垄断行为，对境内市场竞争产生排除、限制影响的，同样适用反垄断法。

三、反垄断执法机构

根据反垄断法的规定，目前中国的反垄断执法机构有三个，分别是商务部、国家发展和改革委员会和国家市场监督管理总局。此外，为了协调反垄断执法，保证反垄断执法的统一性、公正性和权威性，中国设立国务院反垄断委员会，负责组织、协调、指导反垄断工作。

（一）国务院反垄断委员会

根据《中华人民共和国反垄断法》有关规定，国务院成立了反垄断委员会，并由国务院批准印发了《国务院反垄断委员会工作规则》。该规则规定了反垄断委员会的主要职责、组成、会议制度、工作制度和工作程序等。

反垄断委员会主要通过召开委员会全体会议、主任会议和专题会议履行职责，不替代成员单位和有关部门依法行政。反垄断委员会聘请法律、经济等方面的专家组成专家咨询组，对委员会需要研究的重大问题提供咨询。

根据反垄断法的相关规定，国务院反垄断委员会履行以下五大职责：

1. 研究拟定有关竞争政策；

2. 组织调查、评估市场总体竞争状况，发布评估报告；

3. 制定、发布反垄断指南；

4. 协调反垄断行政执法工作；

5. 国务院规定的其他职责。

（二）中国反垄断执法机构

商务部、国家发展和改革委员会和国家市场监督管理总局在国务院反垄断委员会的统一指导下开展反垄断执法工作。其中，商务部负责依法对经营者集中行为进行反垄断审查；国家发展和改革委员会负责对价格垄断行为的执法工作；国家市场监督管理总局统一负责垄断协议、滥用市场支配地位、滥用行政权力排除限制竞争方面的反垄断执法工作（价格垄断行为除外）。

反垄断法将反垄断执法作为中央事权，原则上规定由国务院规定的承担反垄断执法职责的机构（以下统称“国务院反垄断执法机构”）负责反垄断执法工作，地方政府及其部门不行使反垄断法的执法权。同时，考虑到中国的实际情况，如果所有的垄断案件都由国务院反垄断执法机构亲自处理，可能工作量太大、负担太重，因此根据工作需要，国务院反垄断执法机构可以授权省、自治区、直辖市人民政府相应的机构，依照反垄断法规定负责有关反垄断执法工作。该项授权只能给予省级政府的相应机构，不能再下放。例如，在《工商行政管理机关查处垄断协议、滥用市场支配地位案件程序规定》中就规定，国家工商行政管理总局（现为国家市场监督管理总局）统一负责垄断协议、滥用市场支配地位方面的反垄断执法工作。国家市场监督管理总局根据工作需要，可以授权有关省、自治区、直辖市市场监督管理局（以下简称“省级市场监督管理局”）负责垄断协议、滥用市场支配地位方面的反垄断执法工作。

下列垄断行为应当由国家市场监督管理总局负责查处。

1. 全国范围内有重大影响的；

2. 国家市场监督管理总局认为应当由其管辖的。

下列垄断行为可以授权省级市场监督管理局负责查处。

1. 该行政区域内发生的；

2. 跨省、自治区、直辖市发生，但主要行为地在该行政区域内的；

3. 国家市场监督管理总局认为可以授权省级市场监督管理局管辖的。

需要特别指出的是，上述授权只能以个案的形式进行，且被授权的省级市场监督管理局不得再次向下级市场监督管理局授权。

反垄断执法机构的职权包括以下几个方面。

1. 调查检查权

反垄断执法机构调查涉嫌垄断行为，可以采取下列措施：进入被调查的经营者的营业场所或者其他有关场所进行检查；询问被调查的经营者、利害关系人或者其他有关单位或者个人，要求其说明有关情况；查阅、复制被调查的经营者、利害关系人或者其他有关单位或者个人的有关单证、协议、会计账簿、业务函电、电子数据等文件、资料；查封、扣押相关证据；查询经营者的银行账户。

2. 审核批准权

这主要涉及对经营者集中等方面的协议或者决定进行调查并作出批准或者不批准决定的权力，以及审查垄断协议是否构成法定豁免的权力。

3. 处理决定权

反垄断执法机构在反垄断调查过程中视具体情况对被调查的经营者作出中止调查等决定。

4. 行政处罚权

经过调查，如果经营者确实违反反垄断法实施了垄断行为，反垄断执法机构将依法对违法的经营者施加行政制裁措施，如责令停止违法行为、没收非法所得、罚款、限期处分股份或者资产、限期转让营业等。

反垄断法在赋予反垄断执法机构一定的执法权限外，还规定了其在执法过程中应当履行的法定义务，例如：反垄断执法机构应当为举报涉嫌垄断行为单位和个人保密；反垄断执法机构及其工作人员对执法过程中知悉的商业秘密负有保密义务。

四、反垄断与知识产权保护

知识产权具有排他性和专有性，法律赋予知识产权权利人对特定客体如专利、商标等的独占权，因知识产权而形成的垄断地位以及因知识产权的行使而对竞争的限制，是基于法律的授权，是合法的。但是，知识产权作为一种财产权，与其他的财产权一样，能够产生限制竞争的影响。因此，为了维护竞争，法律不应当允许知识产权所有人因其合法的垄断地位而妨碍、限制或者歪曲市场的有效竞争。知识产权的权利人如果超出法律对其专有权规定的范围而滥用其权利，以谋取或加强其垄断地位，排除限制了竞争，则应当受到反垄断法的规制。故反垄断法规定，经营者依照有关知识产权的法律、行政法规规定行使知识产权的行为，不适用本法；但是，经营者滥用知识产权，排除、限制竞争的行为，适用本法。

五、农业领域的反垄断豁免

农业是国民经济的基础产业，又是国民经济的弱势产业。由于农业生产对自然条件的依赖性很强，作为人们基本生活必需品的农产品的需求弹性又很小等特点，使农业成为不适合过度竞争的产业，农业生产活动难以完全适用反垄断法的规定。不少国家和有关国际组织的反垄断立法都对农业领域给予反垄断豁免。

我国反垄断法借鉴国外立法经验，明确规定农业活动可以排除适用反垄断法：农业生产者及农村经济组织在农产品生产、加工、销售、运输、储存等经营活动中实施的联合或者协同行为，不适用本法。这里所称的“农业”，既包括农产品种植业，也包括林业、畜牧业和渔业；“农业生产者”包括农民、农业企业及其他直接从事农业生产经营活动的组织；“农村经济组织”包括农民专业合作经济组织及农村集体经济组织。

六、反垄断法领域的经营者

反垄断法将其规制的垄断行为或者限制竞争行为的行为主体称为“经营者”。反垄断法所称的“经营者”是指从事商品生产、经营或者提供服务的自然人、法人和其他组织。实践中可以被称为“经营者”的，除了各种工商企业如有限责任公司、股份公司、合伙等，还包括各种自由职业者、专利所有权人等自然人以及审计公司、足球协会等形形色色的机构和社团。这即是说，在反垄断法中，任何参与市场竞争的经济实体都可以被称为“经营者”，而不管其法律形式是什么。

七、反垄断法领域的相关市场

（一）相关市场的概念

市场竞争必须得与一定的市场相联系，因为只有在具体的市场条件下，才能认定一个竞争行为是否有利于竞争，或者是否限制竞争。反不正当竞争法中的市场一般是指相关市场，即在具体的案件中，竞争关系或者垄断行为所发生的市场。

反垄断法所称的相关市场，是指经营者在一定时期内就特定商品或者服务进行竞争的商品范围和地域范围。在反垄断执法实践中，通常需要界定相关商品市场和相关地域市场。

相关商品市场，是根据商品的特性、用途及价格等因素，由需求者认为具有较为紧密替代关系的一组或一类商品所构成的市场。这些商品表现出较强的竞争关系，在反垄断执法中可以作为经营者进行竞争的商品范围。

相关地域市场，是指需求者获取具有较为紧密替代关系的商品的地理区域。这些地域表现出较强的竞争关系，在反垄断执法中可以作为经营者进行竞争的地域范围。

当生产周期、使用期限、季节性、流行时尚性或知识产权保护期限等已构成商品不可忽视的特征时，界定相关市场还应考虑时间性。在技术贸易、许可协议等涉及知识产权的反垄断执法工作中，可能还需要界定相关技术市场，考虑知识产权、创新等因素的影响。

任何竞争行为（包括具有或可能具有排除、限制竞争效果的行为）均发生在一定的市场范围内。界定相关市场就是明确经营者竞争的市场范围。在禁止经营者达成垄断协议、禁止经营者滥用市场支配地位、控制具有或者可能具有排除、限制竞争效果的经营者集中等反垄断执法工作中，均可能涉及相关市场的界定问题。科学合理地界定相关市场，对识别竞争者和潜在竞争者、判定经营者市场份额和市场集中度、认定经营者的市场地位、分析经营者的行为对市场竞争的影响、判断经营者行为是否违法以及在违法情况下需承担的法律责任等关键问题，具有重要的作用。因此，相关市场的界定通常是对竞争行为进行分析的起点，是反垄断执法工作的重要步骤。

（二）界定相关市场的基本依据

在反垄断执法实践中，相关市场范围的大小主要取决于商品（地域）的可替代程度。在市场竞争中对经营者行为构成直接和有效竞争约束的，是市场里存在需求者认为具有较强替代关系的商品或能够提供这些商品的地域，因此，界定相关市场主要从需求者角度进行需求替代分析。当供给替代对经营者行为产生的竞争约束类似于需求替代时，也应考虑供给替代。

需求替代是根据需求者对商品功能用途的需求、质量的认可、价格的接受以及获取的难易程度等因素，从需求者的角度确定不同商品之间的替代程度。原则上，从需求者角度来看，商品之间的替代程度越高，竞争关系就越强，就越可能属于同一相关市场。

供给替代是根据其他经营者改造生产设施的投入、承担的风险、进入目标市场的时间等因素，从经营者的角度确定不同商品之间的替代程度。原则上，其他经营者生产设施改造的投入越少，承担的额外风险越小，提供紧密替代商品越迅速，则供给替代程度就越高，界定相关市场尤其在识别相关市场参与者时就应考虑供给替代。

（三）界定相关市场的一般方法

界定相关市场的方法不是唯一的。在反垄断执法实践中，根据实际情况，可能使用不同的方法。界定相关市场时，可以基于商品的特征、用途、价格等因素进行需求替代分析，必要时进行供给替代分析。在经营者竞争的市场范围不够清晰或不易确定时，可以按照“假定垄断者测试”的分析思路来界定相关市场（“假定垄断者测试”将在稍后加以介绍）。

反垄断执法机构鼓励经营者根据案件具体情况运用客观、真实的数据，借助经济学分析方法来界定相关市场。无论采用何种方法界定相关市场，都要始终把握商品满足消费者需求的基本属性，并以此作为对相关市场界定中出现明显偏差时进行校正的依据。

从需求替代角度界定相关商品市场，可以考虑的因素包括但不限于以下各方面。

1. 竞争因素变化

需求者因商品价格或其他竞争因素变化，转向或考虑转向购买其他商品的证据。

2. 商品特征和用途

商品可能在特征上表现出某些差异，但需求者仍可以基于商品相同或相似的用途将其视为紧密替代品。

3. 商品之间的价格差异

通常情况下，替代性较强的商品价格比较接近，而且在价格变化时表现出同向变化趋势。在分析价格时，应排除与竞争无关的因素引起价格变化的情况。

4. 商品的销售渠道

销售渠道不同的商品面对的需求者可能不同，相互之间难以构成竞争关系，则成为相关商品的可能性较小。

5. 其他重要因素

例如：需求者偏好或需求者对商品的依赖程度；可能阻碍大量需求者转向某些紧密替代商品的障碍、风险和成本；是否存在区别定价等。

从供给角度界定相关商品市场，一般考虑的因素包括：其他经营者对商品价格等竞争因素的变化做出反应的证据；其他经营者的生产流程和工艺，转产的难易程度，转产需要的时间，转产的额外费用和风险，转产后所提供商品的市场竞争力，营销渠道等。

任何因素在界定相关商品市场时的作用都不是绝对的，可以根据案件的不同情况有所侧重。

从需求替代角度界定相关地域市场，可以考虑的因素包括但不限于以下各方面：

（1）需求者因商品价格或其他竞争因素变化，转向或考虑转向其他地域购买商品的证据。

（2）商品的运输成本和运输特征。相对于商品价格来说，运输成本越高，相关地域市场的范围越小，如水泥等商品；商品的运输特征也决定了商品的销售地域，如需要管道运输的工业气体等商品。

（3）多数需求者选择商品的实际区域和主要经营者商品的销售分布。

（4）地域间的贸易壁垒，包括关税、地方性法规、环保因素、技术因素等。如关税相对商品的价格来说比较高时，则相关地域市场很可能是一个区域性市场。

（5）其他重要因素。例如：特定区域需求者偏好；商品运进和运出该地域的数量。

从供给角度界定相关地域市场时，一般考虑的因素包括：其他地域的经营者对商品价格等竞争因素的变化做出反应的证据；其他地域的经营者供应或销售相关商品的即时性和可行性，如将订单转向其他地域经营者的转换成本等。

（四）关于假定垄断者测试分析思路的说明

假定垄断者测试是界定相关市场的一种分析思路，可以帮助解决相关市场界定中可能出现的不确定性，目前为各国和地区制定反垄断指南时普遍采用。依据这种思路，人们可以借助经济学工具分析所获取的相关数据，确定假定垄断者可以将价格维持在高于竞争价格水平的最小商品集合和地域范围，从而界定相关市场。

假定垄断者测试一般先界定相关商品市场。首先从反垄断审查关注的经营者提供的商品（目标商品）开始考虑，假设该经营者是以利润最大化为经营目标的垄断者（假定垄断者），那么要分析的问题是，在其他商品的销售条件保持不变的情况下，假定垄断者能否持久地（一般为 1 年）小幅（一般为 5%—10%）提高目标商品的价格。目标商品涨价会导致需求者转向购买具有紧密替代关系的其他商品，从而引起假定垄断者销售量下降。如果目标商品涨价后，即使假定垄断者销售量下降，但其仍然有利可图，则目标商品就构成相关商品市场。

如果涨价引起需求者转向具有紧密替代关系的其他商品，使假定垄断者的涨价行为无利可图，则需要把该替代商品增加到相关商品市场中，该替代商品与目标商品形成商品集合。接下来分析如果该商品集合涨价，假定垄断者是否仍有利可图。如果答案是肯定的，那么该商品集合就构成相关商品市场；否则还需要继续进行上述分析过程。

随着商品集合越来越大，集合内商品与集合外商品的替代性越来越小，最终会出现某一商品集合，假定垄断者可以通过涨价实现盈利，由此便界定出相关商品市场。

界定相关地域市场与界定相关商品市场的思路相同。首先从反垄断审查关注的经营者经营活动的地域（目标地域）开始，要分析的问题是，在其他地域的销售条件不变的情况下，假定垄断者对目标地域内的相关商品进行持久（一般为 1 年）小幅涨价（一般为 5%—10%）是否有利可图。如果答案是肯定的，目标地域就构成相关地域市场；如果其他地域市场的强烈替代使得涨价无利可图，就需要扩大地域范围，直到涨价最终有利可图，该地域就是相关地域市场。

原则上，在使用假定垄断者测试界定相关市场时，选取的基准价格应为充分竞争的当前市场价格。但在滥用市场支配地位、共谋行为和已经存在共谋行为的经营者集中案件中，当前价格明显偏离竞争价格，选择当前价格作为基准价格会使相关市场界定的结果不合理。在此情况下，应该对当前价格进行调整，使用更具有竞争性的价格。

此外，一般情况下，价格上涨幅度为5%—10%，但在执法实践中，可以根据案件涉及行业的不同情况，对价格小幅上涨的幅度进行分析确定。

在经营者小幅提价时，并不是所有需求者（或地域）的替代反应都是相同的。在替代反应不同的情况下，可以对不同需求者群体（或地域）进行不同幅度的测试。此时，相关市场界定还需要考虑需求者群体和特定地域的情况。

【相关案例】

奇虎公司诉腾讯公司滥用市场支配地位案件中的相关市场界定

2011年10月29日，奇虎公司推出一款名为“360扣扣保镖”的安全工具，该软件直接破坏了腾讯公司的商业模式。2011年11月3日，腾讯公司公开宣称，将在装有360软件的电脑上停止运行QQ软件，QQ软件和360安全卫士只能二选一。奇虎公司在广东省高级人民法院起诉腾讯公司滥用市场支配地位，要求腾讯公司赔偿经济损失1.5亿元。广东省高院以腾讯公司“不具有相关市场支配地位”为由，驳回原告的诉讼请求。原告不服判决遂向最高人民法院提起上诉，最高人民法院就该案作出二审判决，认为一审法院判决认定的事实虽有不当之处，但是适用法律正确，裁判结果适当，故判决驳回上诉、维持原判。

最高人民法院经审理，对如何界定本案中的相关市场进行了论证说明。

一、一审法院未对本案相关商品市场作出明确界定是否属于基本事实认定不清

并非在任何滥用市场支配地位的案件中均必须明确而清楚地界定相关市场。竞争行为都是在一定的市场范围内发生和展开的，界定相关市场可以明确经营者之间竞争的市场范围及其面对的竞争约束。在滥用市场支配的案件中，合理地界定相关市场，对于正确认定经营者的市场地位、分析

经营者的行为对市场竞争的影响、判断经营者行为是否违法以及在违法情况下须承担的法律责任等关键问题，具有重要意义。因此，在反垄断案件的审理中，界定相关市场通常是重要的分析步骤。尽管如此，是否能够明确界定相关市场取决于案件具体情况，尤其是案件证据、相关数据的可获得性、相关领域竞争的复杂性等。在滥用市场支配地位案件的审理中，界定相关市场是评估经营者的市场力量及被诉垄断行为对竞争的影响的工具，其本身并非目的。即使不明确界定相关市场，也可以通过排除或者妨碍竞争的直接证据对被诉经营者的市场地位及被诉垄断行为可能的市场影响进行评估。因此，并非在每一个滥用市场支配地位的案件中均必须明确而清楚地界定相关市场。一审法院实际上已经对本案相关商品市场进行了界定，只是由于本案相关市场的边界具有模糊性，一审法院仅对其边界的可能性进行了分析，而没有对相关市场的边界给出明确结论。有鉴于此，奇虎公司关于一审法院未对本案相关商品市场作出明确界定，属于本案基本事实认定不清的理由不能成立。

二、关于本案是否适合运用假定垄断者测试方法界定相关市场以及一审法院对该方法的运用是否正确

作为界定相关市场的一种分析思路，假定垄断者测试（HMT）具有普遍的适用性。实践中，假定垄断者测试的分析方法有多种，既可以通过数量不大但有意义且并非短暂的价格上涨（SSNIP）的方法进行，又可以通过数量不大但有意义且并非短暂的质量下降（SSNDQ ）的方法进行。同时，作为一种分析思路或者思考方法，假定垄断者测试在实际运用时既可以通过定性分析的方法进行，又可以在条件允许的情况下通过定量分析的方法进行。实践中，选择何种方法进行假定垄断者测试取决于案件所涉市场竞争领域以及可获得的相关数据的具体情况。如果特定市场领域的商品同质化特征比较明显，价格竞争是较为重要的竞争形式，则采用数量不大但有意义且并非短暂的价格上涨（SSNIP）的方法较为可行。但是如果在产品差异化非常明显且质量、服务、创新、消费者体验等非价格竞争成为重要竞争形式的领域，采用数量不大但有意义且并非短暂的价格上涨（SSNIP）的方法则存在较大困难。特别是，当特定领域商品的市场均衡价格为零时，运用 SSNIP 方法尤为困难。互联网服务提供商在互联网领域的竞争中更加注重质量、服务、创新等方面的竞争而不是价格竞争。在免费

的互联网基础即时通信服务已经长期存在并成为通行商业模式的情况下，用户具有极高的价格敏感度，改变免费策略转而收取哪怕是较小数额的费用都可能导致用户的大量流失。同时，将价格由免费转变为收费也意味着商品特性和经营模式的重大变化，即由免费商品转变为收费商品：由间接盈利模式转变为直接盈利模式。在这种情况下，如果采取基于相对价格上涨的假定垄断者测试，很可能将不具有替代关系的商品纳入相关市场中，导致相关市场界定过宽。因此，基于相对价格上涨的假定垄断者测试并不完全适宜在本案中适用。尽管基于相对价格上涨的假定垄断者测试难以在本案中完全适用，但仍可以采取该方法的变通形式，例如，基于质量下降的假定垄断者测试。由于质量下降程度较难评估以及相关数据难以获得，因此可以采用质量下降的假定垄断者测试进行定性分析而不是定量分析。一审法院在本案中直接运用基于价格上涨的假定垄断者测试，有所不当。

三、关于文字、音频以及视频等非综合性即时通信服务是否应纳入本案相关商品市场范围

从商品特性的角度来看，只具有一种功能或者两种功能的即时通信服务与综合性即时通信服务具有几乎完全相同的特性：基于互联网、可以检测用户在线状态、即时交流、隐秘交流、免费等。从商品的可获得性角度来看，三种服务均可以非常容易地从互联网上免费取得。从商品功能用途的角度来看，它们均具有至少一种完全相同的功能。从供给替代的角度来看，提供非综合性即时通信服务的经营者可以非常容易地转而提供全方位、综合性的即时通信服务。因此，单一文字、音频以及视频等非综合性即时通信服务应纳入本案相关商品市场范围。

四、关于移动端即时通信服务是否应纳入本案相关商品市场范围

在本案被诉垄断行为发生时，移动端即时通信服务与个人电脑端即时通信服务在商品特性、质量、功能用途、获得渠道等方面已经趋向于基本一致，且移动端即时通信服务正在蓬勃发展并已经形成较大规模，移动端即时通信服务应纳入本案相关商品市场范围。

五、关于社交网站、微博服务是否应纳入本案相关商品市场范围

社交网站、微博与即时通信在商品特性上存在明显差异。社交网站、微博主要针对大量用户之间的开放性的群体交流，对即时性的要求偏低，而即时通信更注重双边私密交流或者小群体的内部交流，具有一定封闭性

且对即时性的要求很高。社交网站、微博与即时通信的主要使用功能也不相同。即时通信的主要使用功能是聊天，而社交网站和微博的社交功能更加突出。从需求者的角度来看，即时通信与社交网站、微博之间更多的是互补关系，而非彼此替代关系。一审法院关于社交网络和微博应纳入本案相关商品市场范围的认定错误，社交网站、微博不应纳入本案相关商品市场范围。

六、关于手机短信、电子邮箱是否应纳入本案相关商品市场范围

即时通信与手机短信在功能和特性上存在较大区别，而且即时通信是免费服务，而手机短信是收费服务。电子邮箱与即时通信在核心功能和特性上存在较大差异，电子邮箱不具有通信的即时性，也不具备通知用户在线状态的功能，而通信的即时性是即时通信服务最核心和最受用户关注的功能。因此，手机短信、电子邮箱与即时通信之间不存在较为紧密的替代关系，不应纳入本案相关商品市场范围。一审法院关于手机短信、电子邮箱不应纳入本案相关商品市场范围的认定正确。

七、关于本案相关商品市场是否应确定为互联网应用平台

本案中，应该关注的是腾讯公司是否利用了其在即时通信领域中可能的市场支配力量排除、限制互联网安全软件领域的竞争，将其在即时通信领域中可能的市场支配力量延伸到安全软件领域，这一竞争过程更多地发生在免费的用户端。因此，在本案相关市场界定阶段将不再主要考虑互联网平台竞争的特性，而是在识别经营者的市场地位和市场控制力时予以考虑。

八、关于本案的相关市场界定

由于竞争尤其是互联网领域的竞争呈现出动态竞争的特征，在界定相关市场时，需要考虑在可预见的未来具有现实可能性的市场反应和变化，以正确判断其是否受到来自其他方面经营者的竞争制约。本案中，一审法院在分析微博和社交网站是否属于本案相关商品市场范围时，考虑了微博和社交网站的发展现状及未来趋势，这种思路本身并无不当。

【法条指引】

中华人民共和国反垄断法（节录）

第一条 为了预防和制止垄断行为，保护市场公平竞争，提高经济运

行效率，维护消费者利益和社会公共利益，促进社会主义市场经济健康发展，制定本法。

第二条 中华人民共和国境内经济活动中的垄断行为，适用本法；中华人民共和国境外的垄断行为，对境内市场竞争产生排除、限制影响的，适用本法。

第三条 本法规定的垄断行为包括：

（一）经营者达成垄断协议；

（二）经营者滥用市场支配地位；

（三）具有或者可能具有排除、限制竞争效果的经营者集中。

第四条 国家制定和实施与社会主义市场经济相适应的竞争规则，完善宏观调控，健全统一、开放、竞争、有序的市场体系。

第五条 经营者可以通过公平竞争、自愿联合，依法实施集中，扩大经营规模，提高市场竞争能力。

第六条 具有市场支配地位的经营者，不得滥用市场支配地位，排除、限制竞争。

第七条 国有经济占控制地位的关系国民经济命脉和国家安全的行业以及依法实行专营专卖的行业，国家对其经营者的合法经营活动予以保护，并对经营者的经营行为及其商品和服务的价格依法实施监管和调控，维护消费者利益，促进技术进步。

前款规定行业的经营者应当依法经营，诚实守信，严格自律，接受社会公众的监督，不得利用其控制地位或者专营专卖地位损害消费者利益。

第八条 行政机关和法律、法规授权的具有管理公共事务职能的组织不得滥用行政权力，排除、限制竞争。

第九条 国务院设立反垄断委员会，负责组织、协调、指导反垄断工作，履行下列职责：

（一）研究拟订有关竞争政策；

（二）组织调查、评估市场总体竞争状况，发布评估报告；

（三）制定、发布反垄断指南；

（四）协调反垄断行政执法工作；

（五）国务院规定的其他职责。

国务院反垄断委员会的组成和工作规则由国务院规定。

第十条 国务院规定的承担反垄断执法职责的机构（以下统称国务院反垄断执法机构）依照本法规定，负责反垄断执法工作。

国务院反垄断执法机构根据工作需要，可以授权省、自治区、直辖市人民政府相应的机构，依照本法规定负责有关反垄断执法工作。

第十一条 行业协会应当加强行业自律，引导本行业的经营者依法竞争，维护市场竞争秩序。

第十二条 本法所称经营者，是指从事商品生产、经营或者提供服务的自然人、法人和其他组织。

本法所称相关市场，是指经营者在一定时期内就特定商品或者服务（以下统称商品）进行竞争的商品范围和地域范围。

第二节 垄断协议

【规则要点】

经营者不得与其他经营者达成垄断协议，包括横向垄断协议和纵向垄断协议。经营者达成垄断协议，又不能说明其存在法律规定的豁免情形的将会受到相应的处罚。

【理解与适用】

“经营者达成垄断协议”“经营者滥用市场支配地位”“具有或者可能具有排除、限制竞争效果的经营者集中”是反垄断法规定的三种垄断行为。其中，垄断协议是指排除、限制竞争的协议、决定或者其他协同行为。据此，反垄断法所称垄断协议的表现形式除书面或口头协议、决议外，还包括协同行为；垄断协议的实施主体是两个以上的独立经营者；垄断协议具有排除、限制竞争的目的或产生排除、限制竞争的效果。反垄断法将垄断协议划分为横向垄断协议和纵向垄断协议，此外，还对行业协会达成垄断协议作出了相应的规定。

一、横向垄断协议的禁止

反垄断法把竞争者之间的限制竞争协议称为横向垄断协议，或称“卡特尔”。

反垄断法禁止具有竞争关系的经营者达成下列垄断协议：

（1）固定或者变更商品价格；

（2）限制商品的生产数量或者销售数量；

（3）分割销售市场或者原材料采购市场；

（4）限制购买新技术、新设备或者限制开发新技术、新产品；

（5）联合抵制交易；

（6）国务院反垄断执法机构认定的其他垄断协议。

以上第一种至第五种垄断协议又分别被称为“价格卡特尔”“数量卡特尔”“地域卡特尔”“限制购买和开发新技术和新产品的卡特尔”“联合抵制交易的卡特尔”。其中，第一类至第三类协议因为损害竞争的程度非常严重，各国反垄断法一般将它们称为核心卡特尔或者恶性卡特尔，任何情况下都不给予豁免。

（一）价格卡特尔的禁止

从经济学角度看，价格卡特尔对竞争的危害最甚，因为商品的价格一旦被固定下来，价格的激励功能就丧失殆尽，生产因素不能被合理分配，劣质产品和企业不能被淘汰。而且，固定下来的价格一旦成为垄断价格，它们就会大大超过正常价格水平，消费者就为此付出高昂代价，最终会导致社会收入不公平地从消费者手中转移到联合抬价的生产者手中，严重损害消费者的利益。除了反垄断法，中国在禁止价格卡特尔方面还有其他法律制度，比如价格法规定，经营者不得相互串通，操纵市场价格，损害其他经营者或者消费者的合法权益。

根据反垄断法，国家发展和改革委员会于 2010 年 12 月制定了《反价格垄断规定》，该规定对禁止达成什么样的价格垄断协议进行了具体明确的规定。

根据《反价格垄断规定》规定，禁止具有竞争关系的经营者达成下列价格垄断协议：

（1）固定或者变更商品和服务的价格水平；

（2）固定或者变更价格变动幅度；

（3）固定或者变更对价格有影响的手续费、折扣或者其他费用；

（4）使用约定的价格作为与第三方交易的基础；

（5）约定采用据以计算价格的标准公式；

（6）约定未经参加协议的其他经营者同意不得变更价格；

（7）通过其他方式变相固定或者变更价格；

（8）国务院价格主管部门认定的其他价格垄断协议。

《反价格垄断规定》的上述规定将“固定或者变更商品价格”的情形进行了更加具体和详细的说明，价格卡特尔不仅包括直接固定和变更商品价格水平和价格变动幅度的行为，还包括固定或者变更对价格有影响的其他费用的行为以及其他变相固定或者变更商品价格的行为，例如：使用约定的价格作为与第三方交易的基础；约定采用据以计算价格的标准公式；约定未经参加协议的其他经营者同意不得变更价格；等等。为了适应实践中复杂多变的情况，同样规定了一个兜底条款，即除了明确列举的几种情形外，“固定或者变更商品价格”的情形还包括国务院价格主管部门认定的其他价格垄断协议。在实践中经营者就需要特别注意，即使自己的行为并不属于相关法律明确列举出来的几种行为当中的任何一种，也不能说明其行为就不受法律规制，还需要根据行为性质等进行具体分析。

（二）数量卡特尔的禁止

经营者之间达成限制商品的生产数量或者销售数量，会导致商品价格上升，损害消费者利益，因此反垄断法明确禁止经营者达成限制产量的协议。

此外，《工商行政管理机关禁止垄断协议行为的规定》也规定，禁止具有竞争关系的经营者就限制商品的生产数量或者销售数量达成下列垄断协议：

（1）以限制产量、固定产量、停止生产等方式限制商品的生产数量或者限制商品特定品种、型号的生产数量；

（2）以拒绝供货、限制商品投放量等方式限制商品的销售数量或者限制商品特定品种、型号的销售数量。

（三）地域卡特尔的禁止

反垄断法禁止具有竞争关系的经营者达成分割销售市场或者原材料采

购市场的协议。

《工商行政管理机关禁止垄断协议行为的规定》进一步规定，禁止具有竞争关系的经营者就分割销售市场或者原材料采购市场达成下列垄断协议：

（1）划分商品销售地域、销售对象或者销售商品的种类、数量；

（2）划分原料、半成品、零部件、相关设备等原材料的采购区域、种类、数量；

（3）划分原料、半成品、零部件、相关设备等原材料的供应商。

（四）限制购买和开发新技术和新产品的卡特尔的禁止

反垄断法禁止具有竞争关系的经营者达成限制购买新技术、新设备或者限制开发新技术、新产品的协议。

另外，《工商行政管理机关禁止垄断协议行为的规定》还规定，禁止具有竞争关系的经营者就限制购买新技术、新设备或者限制开发新技术、新产品达成下列垄断协议：

（1）限制购买、使用新技术、新工艺；

（2）限制购买、租赁、使用新设备；

（3）限制投资、研发新技术、新工艺、新产品；

（4）拒绝使用新技术、新工艺、新设备；

（5）拒绝采用新的技术标准。

（五）联合抵制交易的禁止

反垄断法禁止具有竞争关系的经营者达成联合抵制交易的协议。

《工商行政管理机关禁止垄断协议行为的规定》进一步规定，禁止具有竞争关系的经营者就联合抵制交易达成以下垄断协议：

（1）联合拒绝向特定经营者供货或者销售商品；

（2）联合拒绝采购或者销售特定经营者的商品；

（3）联合限定特定经营者不得与其具有竞争关系的经营者进行交易。

二、纵向垄断协议的禁止

纵向垄断协议是指在生产或者销售过程中处于不同阶段的经营者之间达成的协议。

纵向垄断协议一般具有以下特征：

其一，协议当事人处于不同的市场层次。

纵向协议是处于不同的相关市场的经营者之间达成的协议，这种不同的市场层次通常称为上游和下游的关系。

其二，该种协议可以是明示的，也可以是暗示的。

换言之，企业可以选择订立书面协议，也可以采取口头协议，或者采取心照不宣的集体行动。

其三，协议的目的是便利商品或者服务的销售。

根据反垄断法规定，禁止经营者与交易相对人达成下列垄断协议：

一是固定向第三人转售商品的价格；

二是限定向第三人转售商品的最低价格；

三是国务院反垄断执法机构认定的其他垄断协议。

如果经营者能够证明所达成的协议符合反垄断法第 15 条规定的，则不适用上述规定。

三、垄断协议豁免

鉴于竞争者之间有些限制竞争有利于提高经济效益，如为改进技术和节约成本进行的合作研发、统一产品的规格或型号、推动中小企业之间的合作，或者有利于社会公共利益，如节约能源、保护环境，反垄断法对某些限制竞争协议作出了豁免的规定。

如果经营者能够证明其所达成的协议属于下列情形之一的，不适用反垄断法中关于横向垄断协议和纵向垄断协议的规定：

（1）为改进技术、研究开发新产品的；

（2）为提高产品质量、降低成本、增进效率，统一产品规格、标准或者实行专业化分工的；

（3）为提高中小经营者经营效率，增强中小经营者竞争力的；

（4）为实现节约能源、保护环境、救灾救助等社会公共利益的；

（5）因经济不景气，为缓解销售量严重下降或者生产明显过剩的；

（6）为保障对外贸易和对外经济合作中的正当利益的；

（7）法律和国务院规定的其他情形。

在上述规定的豁免情形中，有的可以提高生产效率，有的有利于实现社会公共利益，有的是针对特定时期避免出现经济浪费和造成大量失业作出的特别规定，有的是为了保障对外贸易和对外经济合作中的正当利益。为了增加规定的灵活性，还制定了兜底条款。总而言之，在实际生活中，一些经营者达成的某些协议虽然具有限制竞争的后果，但整体上有利于技术进步、经济发展和社会公共利益就可以对其豁免。但对上述情形的豁免并不是当然的，如果属于上述第一项至第五项情形，经营者还应当证明所达成的协议不会严重限制相关市场的竞争，并且能够使消费者分享由此产生的利益，才可以不适用反垄断法中关于横向垄断协议和纵向垄断协议的规定。也就是说经营者还需要承担相应的举证责任，在满足反垄断法规定的豁免情形时经营者还应证明其所达成的协议不会严重限制相关市场的竞争，并且能够使消费者分享由此产生的利益。

对于垄断协议豁免的程序，有些国家和地区规定协议当事人向反垄断执法机构申请获准豁免，有的则规定由经营者自行判断而无须申请。反垄断法在规定垄断协议豁免时，没有规定经营者的申报程序，而完全由经营者自行判断其协议是否符合豁免条件的规定。如果反垄断执法机构在监管过程中发现经营者达成的垄断协议不属于规定的豁免情形，经营者将承担达成垄断协议的法律后果。这意味着这一规定一方面减轻了经营者申报的负担，并减轻了反垄断执法机构的工作量，但另一方面却增加了经营者的自行判断可能与法定条件不符的风险。为减少这种风险，经营者在自己不能确定有关垄断协议是否可获得豁免时，可主动向执法机构申报，以便预先确定其行为的合法性。

四、行业协会垄断行为禁止

行业协会是行业的自律组织，其设立的根本目的不是保证社会整体利益最大化的实现，而是维护行业内特定多数主体的利益，加之中国各种类型行业协会设立方式的不同，其追求目标的复合性，行业协会的限制竞争行为的表现形式也呈现复杂性的态势。有些行业协会在会员企业的要求下，以行业“自律”的形式，组织会员企业签订价格同盟协议等限制竞争的协议，以达到排除、限制竞争的目的。为此，反垄断法对行业协会垄断行为进行了法律规制。一方面，反垄断法对行业协会作出原则性的要求，即行业协会应当加强行业自律，引导本行业的经营者依法竞争，维护市场竞争秩序；另一方面，反垄断法具体禁止行业协会从事共谋限制竞争行为，即行业协会不得组织本行业的经营者从事禁止的垄断行为。

反垄断法明确将行业协会组织经营者达成垄断协议的行为纳入该法的适用范围，为依法禁止和查处这类违法行为提供了明确的法律依据。

根据《反价格垄断规定》规定，禁止行业协会从事下列行为：

（1）制定排除、限制价格竞争的规则、决定、通知等；

（2）组织经营者达成本规定所禁止的价格垄断协议；

（3）组织经营者达成或者实施价格垄断协议的其他行为。

此外，其他法规对行业协会垄断行为的禁止作出了更为详尽的规定，如《工商行政管理机关禁止垄断协议行为的规定》规定，禁止行业协会以下列方式组织本行业的经营者从事本规定禁止的垄断协议行为：

（1）制定、发布含有排除、限制竞争内容的行业协会章程、规则、决定、通知、标准等；

（2）召集、组织或者推动本行业的经营者达成含有排除、限制竞争内容的协议、决议、纪要、备忘录等。

五、达成、实施垄断协议的法律责任

经营者既违反反垄断法关于禁止横向垄断协议的规定和关于禁止纵向垄断协议的规定，又不能够证明所达成的协议满足反垄断法规定的豁免的情形的，由反垄断执法机构责令停止违法行为，没收违法所得，并处上一年度销售额百分之一以上百分之十以下的罚款；尚未实施所达成的垄断协议的，可以处五十万元以下的罚款。也就是说，只要有证据证明经营者达成了垄断协议，即使尚未实施，反垄断执法机构也有权对相应的经营者处以罚款，达成垄断协议本身就是反垄断法明令禁止的一种行为。

经营者如果主动向反垄断执法机构报告达成垄断协议的有关情况并提供重要证据的，反垄断执法机构可以酌情减轻或者免除对该经营者的处罚。这是对经营者实施垄断协议的“宽恕政策”，相关行政规章对此作了细化规定：《工商行政管理机关禁止垄断协议行为的规定》进一步规定，经营者主动向市场监督管理机关报告所达成垄断协议的有关情况并提供重要证据的，市场监督管理机关可以酌情减轻或者免除对该经营者的处罚。市场监督管理机关决定减轻或者免除处罚，应当根据经营者主动报告的时间顺序、提供证据的重要程度、达成、实施垄断协议的有关情况以及配合调查的情况确定。重要证据是指能够对市场监督管理机关启动调查或者对认定垄断协议行为起到关键性作用的证据，包括参与垄断协议的经营者、涉及的产品范围、达成协议的内容和方式、协议的具体实施情况等。对第一个主动报告所达成垄断协议的有关情况、提供重要证据并全面主动配合调查的经营者，免除处罚。对主动向市场监督管理机关报告所达成垄断协议的有关情况并提供重要证据的其他经营者，酌情减轻处罚。《反价格垄断行政执法程序规定》也规定，经营者主动向政府价格主管部门报告达成价格垄断协议的有关情况并提供重要证据的，政府价格主管部门可以酌情减轻或者免除对该经营者的处罚。第一个主动报告达成价格垄断协议的有关情况并提供重要证据的，可以免除处罚；第二个主动报告达成价格垄断协议的有关情况并提供重要证据的，可以按照不低于50%的幅度减轻处罚；其他主动报告达成价格垄断协议的有关情况并提供重要证据的，可以按照不高于50%的幅度减轻处罚。重要证据是指对政府价格主管部门认定价格垄断协议具有关键作用的证据。

因为行业协会的垄断行为在实施主体和表现形式上与一般经营者的垄断行为有差别，因而其承担责任的形式也不同。行业协会违反反垄断法的规定，组织本行业的经营者达成垄断协议的，反垄断执法机构可以处五十万元以下的罚款；情节严重的，社会团体登记管理机关可以依法撤销登记。反垄断法明确规定了行业协会承担责任的方式是行政罚款和依法被撤销行业协会的社团资格。

【风险提示】

经销合同纠纷中，经营者向交易相对人限定商品最低转售价格的，对其行为性质的判断，应当从相关市场竞争是否充分、经营者市场地位是否强大、经营者实施限制最低转售价格的动机、限制最低转售价格的竞争效果四方面情况来考量。如果经营者的限制最低转售价格条款在相关市场产生了排除、限制竞争的效果，同时并不存在明显、足够的促进竞争的效果，则构成反垄断法所规定的垄断协议。

经营者参加行业协会组织的垄断协议的，仍然要按照规定承担相应的法律责任，不能以行业协会的组织行为为理由要求减轻或者免除处罚。

【相关案例】

案例 1

五家医药企业“别嘌醇片垄断协议案”

根据举报，国家发展改革委在 2016 年对重庆青阳、重庆大同、江苏世贸天阶、上海信谊联合、商丘华杰 5 家公司达成并实施别嘌醇片垄断协议案依法作出处罚，合计罚款 399.54 万元。

别嘌醇片是治疗因尿酸过高引起的高尿酸血症、痛风的常用药物，属于国家基本医疗保险药品目录中的甲类药品，别嘌醇片还列入了国家基本药物目录和国家低价药目录，价格低廉，在临床上广泛使用。全国获得别嘌醇片批准文号的生产厂家有 15 家，2012 年至 2013 年实际有 7 家企业生产别嘌醇片；2014 年以来实际只有重庆青阳、江苏世贸天阶、上海信谊联合 3 家企业生产别嘌醇片。

重庆青阳及重庆大同、江苏世贸天阶、上海信谊联合及商丘华杰作为生产销售三个品牌别嘌醇片的独立市场主体，属于具有竞争关系的三方经营者，达成并实施统一上涨别嘌醇片价格、分割销售市场的垄断协议，违反了反垄断法第 13 条的规定，严重排除、限制了别嘌醇片市场的竞争，对 2014 年 4 月以来别嘌醇片价格上涨具有重要推动作用，增加了广大高尿酸血症和痛风患者的药费负担，损害了消费者利益。

本案垄断协议涉及上涨价格、分割销售市场两种行为，性质较为严重，特别是 2014 年以来全国只有当事人生产三个品牌的别嘌醇片，垄断协议对别嘌醇片市场竞争的排除、限制程度较深。根据垄断行为的性质、程度、持续时间，以及当事人在垄断协议中的不同作用，国家发展改革委依法责令当事人立即停止实施垄断协议，并处罚款：(1) 对在达成并实施垄断协议过程中处于主导地位的重庆青阳及其关联销售企业重庆大同，处上年度销售额 8% 的罚款，计 180.52 万元。(2) 对能够积极配合调查、如实提供证据材料的江苏世贸天阶，处上年度销售额 5% 的罚款，计 118.40 万元。(3) 对能够积极配合调查、如实陈述相关事实的上海信谊联合、商丘华杰，分别处上年度销售额 5% 罚款，计 49.56 万元、51.06 万元。

案例 2

北京锐邦涌和科贸有限公司诉强生（上海）医疗器材有限公司、强生（中国）医疗器材有限公司纵向垄断协议纠纷案

原告北京锐邦涌和科贸有限公司（简称“锐邦公司”）是两被告强生（上海）医疗器材有限公司（简称“强生上海公司”）、强生（中国）医疗器材有限公司吻合器及缝线产品在北京地区的经销商，双方之间有着长达15年的合作，经销合同每年一签，有效期为一年。2008年1月2日，三公司签订《2008年经销合同》（以下简称《经销合同》），约定原告在两被告指定的相关区域销售缝线产品，合同期限自2008年1月1日至同年12月31日。合同附件五第2条规定，原告不得低于两被告规定的产品价格进行销售。2008年7月1日，强生上海公司以原告于2008年3月在人民医院的竞标中私自降低销售价格为由，取消原告在中国医学科学院阜外心血管医院、北京整形医院（以下分别简称“阜外医院、整形医院”）的销售权。上述医用缝线产品的经营者除两被告之外，还有南通华利康医疗器械有限公司、德国贝朗医疗有限公司、南通华尔康医疗用品公司、美国泰科医疗、山东威高集团医用高分子制品股份有限公司等企业。强生上海公司在互联网上对美国强生公司及缝线产品的悠久历史、缝线产品在全球市场占有率等情况作了介绍。

原告锐邦公司以两被告在经销合同中约定转售价格限制条款以及依据该条款对锐邦公司进行处罚直至终止经销合同的行为，构成《中华人民共和国反垄断法》“限定向第三人转售商品的最低价格”之违法行为，诉请判令两被告赔偿锐邦公司因上述违法行为而致经济损失人民币1439.93万元，并承担全部诉讼费用。

2010年8月26日上海市第一中级人民法院受理了此案，判决驳回原告的所有诉讼请求。锐邦公司不服一审判决，向上海市高级人民法院提起上诉。

在二审中，两被告认为，只有协议“限定向第三人转售商品的最低价格”具有排除、限制竞争的效果才可称为垄断协议。而原告则认为，只要是限定了最低转售价格，必然影响了品牌之间以及品牌内部之间的竞争，在纵向协议中“限定向第三人转售商品的最低价格”本身就构成垄断协议。上海市高级人民法院二审认为：反垄断法所规定的垄断协议应当以具

有排除、限制竞争效果为构成要件。反垄断法第13条第2款规定“本法所称垄断协议，是指排除、限制竞争的协议、决定或者其他协同行为”，该条规定对垄断协议的定义适用于整部法律，因此反垄断法第14条所规定纵向协议，必须是“排除、限制竞争的协议”才构成垄断协议。根据相关规定，认定反垄断法所禁止的第13条所规定横向协议构成垄断协议，应以该协议具有排除、限制竞争效果为前提。举重以明轻，限制竞争效果相对较弱的纵向协议更应以具有排除、限制竞争效果为必要条件。本案限制最低转售价格协议构成垄断协议。上海市高级人民法院从相关市场竞争是否充分、被告市场地位是否强大、被告实施限制最低转售价格的动机、限制最低转售价格的竞争效果四方面情况进行分析，认为原审判决确有错误，应予纠正。判决强生（上海）医疗器材有限公司、强生（中国）医疗器材有限公司应于本判决生效之日起十日内，共同赔偿北京锐邦涌和科贸有限公司经济损失人民币53万元。

【法条指引】

中华人民共和国反垄断法（节录）

第十三条 禁止具有竞争关系的经营者达成下列垄断协议：

（一）固定或者变更商品价格；

（二）限制商品的生产数量或者销售数量；

（三）分割销售市场或者原材料采购市场；

（四）限制购买新技术、新设备或者限制开发新技术、新产品；

（五）联合抵制交易；

（六）国务院反垄断执法机构认定的其他垄断协议。

本法所称垄断协议，是指排除、限制竞争的协议、决定或者其他协同行为。

第十四条 禁止经营者与交易相对人达成下列垄断协议：

（一）固定向第三人转售商品的价格；

（二）限定向第三人转售商品的最低价格；

（三）国务院反垄断执法机构认定的其他垄断协议。

第十五条 经营者能够证明所达成的协议属于下列情形之一的，不适用本法第十三条、第十四条的规定：

（一）为改进技术、研究开发新产品的；

（二）为提高产品质量、降低成本、增进效率，统一产品规格、标准或者实行专业化分工的；

（三）为提高中小经营者经营效率，增强中小经营者竞争力的；

（四）为实现节约能源、保护环境、救灾救助等社会公共利益的；

（五）因经济不景气，为缓解销售量严重下降或者生产明显过剩的；

（六）为保障对外贸易和对外经济合作中的正当利益的；

（七）法律和国务院规定的其他情形。

属于前款第一项至第五项情形，不适用本法第十三条、第十四条规定的，经营者还应当证明所达成的协议不会严重限制相关市场的竞争，并且能够使消费者分享由此产生的利益。

第十六条 行业协会不得组织本行业的经营者从事本章禁止的垄断行为。

最高人民法院关于审理因垄断行为引发的民事纠纷案件应用法律若干问题的规定（节录）

第七条 被诉垄断行为属于反垄断法第十三条第一款第（一）项至第（五）项规定的垄断协议的，被告应对该协议不具有排除、限制竞争的效果承担举证责任。

第十五条 被诉合同内容、行业协会的章程等违反反垄断法或者其他法律、行政法规的强制性规定的，人民法院应当依法认定其无效。

第三节 滥用市场支配地位

【规则要点】

具有市场支配地位的经营者不得滥用市场支配地位，涉嫌滥用市场支配地位行为的经营者，在市场监督管理机关规定的期限内，可以陈述其行为合理性的理由并提供有关证据。经反垄断执法机构调查，确认经营者违反反垄断法的规定，实施了滥用市场支配地位的行为，则由反垄断执法机构责令其停止违法行为，没收违法所得并处以罚款。

【理解与适用】

一、市场支配地位的认定及推定

反垄断法虽然不反对合法垄断，但因合法垄断者不受竞争的制约，从而可能滥用其市场优势地位，损害市场竞争和消费者的利益，因此反垄断法禁止滥用市场支配地位。

反垄断法中所称的“市场支配地位”，是指经营者在相关市场内具有能够控制商品价格、数量或者其他交易条件，或者能够阻碍、影响其他经营者进入相关市场能力的市场地位。阻碍、影响其他经营者进入相关市场的情形包括排除其他经营者进入相关市场，或者延缓其他经营者在合理时间内进入相关市场，或者其他经营者虽能够进入该相关市场，但进入成本提高难以在市场中开展有效竞争等。这就是说，市场支配地位是一种经济现象，反映了企业与市场竞争的关系，即拥有这种地位的企业不受竞争制约，不必考虑其竞争者或交易对手就可以自由定价或者自由作出其他经营决策。

由于滥用市场支配地位的主体具有特定性，即不是所有的企业都能成为这一行为的主体，只有具有市场支配地位的经营者才有可能滥用其市场支配地位，因此，首要问题是对市场支配地位的认定。具有市场支配地位的经营者在相关市场上应该拥有一定的市场份额或者足够的财力或技术条件，具有控制销售市场或者原材料采购市场的能力，或者可以控制其他经营者进入该相关市场，等等。总而言之，具有市场支配地位的经营者必定是可以影响市场竞争环境的经营者。

根据反垄断法的规定，认定经营者是否具有市场支配地位，应当依据下列因素。

（一）该经营者在相关市场的市场份额，以及相关市场的竞争状况

市场份额是指一定时期内经营者的特定商品销售额、销售数量等指标在相关市场所占的比重。分析相关市场竞争状况应当考虑相关市场的发展状况、现有竞争者的数量和市场份额、商品差异程度以及潜在竞争者的情

况等。

（二）该经营者控制销售市场或者原材料采购市场的能力

认定经营者控制销售市场或者原材料采购市场的能力，应当考虑该经营者控制销售渠道或者采购渠道的能力，影响或者决定价格、数量、合同期限或者其他交易条件的能力，以及优先获得企业生产经营所必需的原料、半成品、零部件及相关设备等原材料的能力。

（三）该经营者的财力和技术条件

认定经营者的财力和技术条件，应当考虑该经营者的资产规模、财务能力、盈利能力、融资能力、研发能力、技术装备、技术创新和应用能力、拥有的知识产权等。

（四）其他经营者对该经营者在交易上的依赖程度

认定其他经营者对该经营者在交易上的依赖程度，应当考虑其他经营者与该经营者之间的交易量、交易关系的持续时间、转向其他交易相对人的难易程度等。

（五）其他经营者进入相关市场的难易程度

认定其他经营者进入相关市场的难易程度，应当考虑市场准入制度、拥有必需设施的情况、销售渠道、资金和技术要求以及成本等。

（六）与认定该经营者市场支配地位有关的其他因素

另外，为了提高法律稳定性和当事人的可预见性，节约执法成本和对经营者实行有效监管，我国反垄断法还借鉴德国法，规定了经营者具有市场支配地位的三种推定情形：

1. 一个经营者在相关市场的市场份额达到二分之一的；

2. 两个经营者在相关市场的市场份额合计达到三分之二的；

3. 三个经营者在相关市场的市场份额合计达到四分之三的。

如果满足上述推定情形中的第二种和第三种情形，但是其中有的经营者市场份额不足十分之一的，则不应当推定该经营者具有市场支配地位。需要特别注意的是，这些推定并不具有法定推定的效力。反垄断法还规定了经营者对反垄断执法机构的推定予以反证的制度，即被推定具有市场支配地位的经营者，如果有证据证明其不具有市场支配地位的，如证明其在相关市场内不具有控制商品价格、数量或者其他交易条件，或者不具有能够阻碍、影响其他经营者进入相关市场的能力，就不应当认定其具有市场支配地位。推定与认定的不同，主要在于谁承担举证责任。推定的举证责任在于被推定者，而认定的举证责任在于作出认定的一方。如果被推定者不提出反证或者反证不为推定方认可，则该推定成立。

二、滥用市场支配地位的禁止情形

反垄断法采用列举的方式，明文规定了以下六种禁止具有市场支配地位的经营者滥用市场支配地位的行为。

（一）不公平要价

不公平要价即以不公平的高价销售商品或者以不公平的低价购买商品。

根据《反价格垄断规定》的规定，在认定“不公平的高价”和“不公平的低价”时，应当考虑下列因素：

1. 销售价格或者购买价格是否明显高于或者低于其他经营者销售或者购买同种商品的价格；

2. 在成本基本稳定的情况下，是否超过正常幅度提高销售价格或者降低购买价格；

3. 销售商品的提价幅度是否明显高于成本增长幅度，或者购买商品的降价幅度是否明显高于交易相对人成本降低幅度；

4. 需要考虑的其他相关因素。

（二）掠夺性定价

掠夺性定价即没有正当理由，以低于成本的价格销售商品。如果经营者虽然以低于成本的价格销售商品，但其有正当理由时则不应认定为其滥用市场支配地位。根据《反价格垄断规定》，如果经营者是属于降价处理鲜活商品、季节性商品、有效期限即将到期的商品和积压商品；因清偿债务、转产、歇业降价销售商品；为推广新产品进行促销而以低于成本的价格销售商品；或者虽以低于成本的价格销售商品但能够证明其行为具有正当性的其他理由的，则不视为滥用市场支配地位。

（三）拒绝交易

拒绝交易即没有正当理由，拒绝与交易相对人进行交易。

《工商行政管理机关禁止滥用市场支配地位行为的规定》进一步规定，禁止具有市场支配地位的经营者没有正当理由，通过下列方式拒绝与交易人进行交易：

（1）通过削减与交易相对人的现有交易数量；

（2）拖延、中断与交易相对人的现有交易；

（3）拒绝与交易相对人进行新的交易；

（4）设置限制性条件，使交易相对人难以继续与其进行交易；

（5）拒绝交易相对人在生产经营活动中以合理条件使用其必需设施。

《反价格垄断规定》也规定具有市场支配地位的经营者没有正当理由，不得通过设定过高的销售价格或者过低的购买价格，变相拒绝与交易相对人进行交易。

需要说明的是，经营者在没有正当理由的情况下拒绝与交易相对人进行交易才有可能被认定为滥用市场支配地位，如果经营者拒绝了与交易相对人进行的交易，但是有正当理由时，则不会被认定为滥用市场支配地位。

这里的“正当理由”包括：

（1）交易相对人有严重的不良信用记录，或者出现经营状况持续恶化等情况，可能会给交易安全造成较大风险的；

（2）交易相对人能够以合理的价格向其他经营者购买同种商品、替代商品，或者能够以合理的价格向其他经营者出售商品的；

（3）能够证明行为具有正当性的其他理由。

（四）限定交易

限定交易即没有正当理由，限定交易相对人只能与其进行交易或者只能与其指定的经营者进行交易。

《反价格垄断规定》进一步规定，具有市场支配地位的经营者没有正当理由，不得通过价格折扣等手段限定交易相对人只能与其进行交易或者只能与其指定的经营者进行交易。

此外，根据《工商行政管理机关禁止滥用市场支配地位行为的规定》，具有市场支配地位的经营者没有正当理由除了不能限定交易相对人只能与其进行交易或者只能与其指定的经营者进行交易外，也不得限定交易相对人不得与其竞争对手进行交易。如果经营者能够证明其限定交易的行为是为了保证产品质量和安全、为了维护品牌形象或者提高服务水平，或者限定交易能够显著降低成本、提高效率，并且能够使消费者分享由此产生的利益，再或者能够提供证明其行为具有正当性的其他理由，则不属于滥用市场支配地位的行为。

（五）搭售

搭售即没有正当理由搭售商品，或者在交易时附加其他不合理的交易条件，例如：违背交易惯例、消费习惯等或者无视商品的功能，将不同商品强制捆绑销售或者组合销售；对合同期限、支付方式、商品的运输及交付方式或者服务的提供方式等附加不合理的限制；对商品的销售地域、销售对象、售后服务等附加不合理的限制；附加与交易标的无关的交易条件；在交易时在价格之外附加不合理的费用等，这些行为都属于搭售，都为反垄断法所禁止。

（六）差别待遇

差别待遇即没有正当理由，对条件相同的交易相对人在交易价格等交易条件上实行差别待遇，例如：实行不同的交易数量、品种、品质等级；实行不同的数量折扣等优惠条件；实行不同的付款条件、交付方式；实行不同的保修内容和期限、维修内容和时间、零配件供应、技术指导等售后服务条件等。

以上是反垄断法明确列举出来的六种滥用市场支配地位的情形。为应对实践中复杂多变的情形，反垄断法还规定国务院反垄断执法机构在实践中有权对其他滥用市场支配地位的行为进行认定。这就要求在实践中具有市场支配地位的经营者在实施经营行为时，不仅要避免实施反垄断法明确列举的六种滥用市场支配地位的行为，还要谨慎判断自己实施的其他行为是否有可能被国务院反垄断执法机构认定为滥用市场支配地位。

三、滥用市场支配地位的法律责任

涉嫌滥用市场支配地位行为的经营者，在市场监督管理机关规定的期限内，可以陈述其行为合理性的理由并提供有关证据。

经反垄断执法机构调查，确认经营者违反反垄断法的规定，实施了滥用市场支配地位的行为，则由反垄断执法机构责令其停止违法行为，没收违法所得，并处上一年度销售额百分之一以上百分之十以下的罚款。这是对违法经营者应承担相应的行政责任的规定，此外，滥用市场支配地位的经营者如果给他人造成损失的，还要承担相应的民事责任。

【风险提示】

拥有市场支配地位的经营者在不能提供正当理由的情况下，不能实施诸如搭售、限定交易等市场行为，否则会有被认定滥用市场支配地位的风险，将有可能被处以巨额罚款。

当事人主张被诉垄断行为属于滥用市场支配地位的，应对被控垄断者在相关市场内具有支配地位和其滥用市场支配地位承担举证责任。当事人若无证据证明被控垄断者以不公平的高价销售商品或者以不公平的低价购买商品，损害交易对方的利益，应承担败诉的风险。

【相关案例】

案例 1

国家发展和改革委员会查处美国高通公司滥用市场支配地位案

2013 年 11 月，国家发展和改革委员会根据举报启动了对美国高通公司（简称“高通公司”）滥用在 CDMA、WCDMA 和 LTE 无线通信标准必要专利（简称“无线标准必要专利”）许可市场及 CDMA、WCDMA 和 LTE 无线通信终端基带芯片（以下简称“基带芯片”）市场的支配地位，实施垄断行为的调查。在调查过程中，国家发展和改革委员会对数十家国内外手机生产企业和基带芯片制造企业进行了深入调查，获取了高通公司实施价格垄断等行为的相关证据，充分听取了高通公司的陈述和申辩意见，并就高通公司相关行为构成反垄断法禁止的滥用市场支配地位行为进行了研究论证。

经调查取证和分析论证，认定高通公司在无线标准必要专利许可市场及基带芯片市场具有市场支配地位，并实施了以下滥用市场支配地位的行为：

（1）滥用在无线标准必要专利许可市场的支配地位，收取不公平的高价专利许可费，具体而言表现为：对过期无线标准必要专利收取许可费、要求被许可人将专利进行免费反向许可。

（2）滥用在无线标准必要专利许可市场的支配地位，在无线标准必要专利许可中，没有正当理由搭售非无线标准必要专利许可。

(3) 滥用在基带芯片市场的支配地位，在基带芯片销售中附加不合理条件。

高通公司的上述行为，排除、限制了市场竞争，阻碍和抑制了技术创新和发展，损害了消费者利益，违反了反垄断法关于禁止具有市场支配地位的经营者以不公平的高价销售商品、没有正当理由搭售商品和在交易时附加不合理交易条件的规定。

在反垄断调查过程中，高通公司配合调查，主动提出了一揽子整改措施。这些整改措施针对高通公司对某些无线通信标准必要专利的许可，包括：

(1) 对为在中国境内使用而销售的手机，按整机批发净售价的65%收取专利许可费。

(2) 向中国被许可人进行专利许可时，将提供专利清单，不得对过期专利收取许可费。

(3) 不要求中国被许可人将专利进行免费反向许可。

(4) 在进行无线通信标准必要专利的许可时，不得没有正当理由搭售非无线通信标准必要专利许可。

(5) 销售基带芯片时不要求中国被许可人签订包含不合理条件的许可协议，不将不挑战专利许可协议作为向我国被许可人供应基带芯片的条件。

高通公司提交的整改措施满足了国家发展和改革委员会决定和整改的要求。

由于高通公司滥用市场支配地位行为的性质严重，程度较深，持续时间较长，国家发展和改革委员会在责令高通公司停止违法行为的同时，决定对其处2013年度在中华人民共和国境内销售额8%的罚款，计60.88亿元人民币。

案例2

无锡市保城气瓶检验有限公司与无锡华润车用气有限公司拒绝交易纠纷上诉案

无锡市保城气瓶检验有限公司（简称“保城公司”）一审诉称：其系

从事车用压缩天然气气瓶检验、安装的企业。无锡华润车用气有限公司（简称“华润车用气公司”）作为无锡华润燃气有限公司下属子公司，系无锡地区唯一从事天然气汽车加气业务的企业。华润车用气公司利用其市场支配地位，排除市场竞争，拒绝为保城公司安装的天然气出租车办理IC加气卡（简称“加气卡”），致使汽车无法正常加气，影响了保城公司的正常经营，损害了保城公司合法权益，依据《中华人民共和国反垄断法》，构成垄断行为，请求判令：（1）确认华润车用气公司拒绝给保城公司安装的汽车加气的行为构成拒绝交易的垄断行为；（2）华润车用气公司赔偿因垄断行为给保城公司造成的损失18000元；（3）华润车用气公司为保城公司所安装的天然气汽车加气，履行交易义务。

一审法院经审理查明，2010年7月22日，保城公司对无锡大众交通有限责任公司所有的苏B2T361号车（简称“361号车”）进行了车用天然气瓶的安装，并出具了车用气瓶安装合格质量证明书。2010年8月13日，该车通过江苏省特种设备安全监督检验研究院的检验，获得车用气瓶安装监督检验证书，并于2010年8月16日获得无锡质监局颁发的车用气瓶登记使用证。保城公司陈述称，其改装的汽车一般都由驾驶员委托其去华润车用气公司办理加气卡。保城公司于2010年8月17日赴太湖花园加气站为361号车办卡，去了三次都没有办到，理由是保城公司改装的汽车一律不给办理。该车的使用人出庭陈述称，上述改装手续完成后，其将材料交给保城公司，由其代为向华润车用气公司申请办理加气卡，但直至2011年1月14日才办到加气卡。2010年12月30日，因361号车安装了天然气装置后不能加气使用，保城公司向该车的使用人支付了损失9000元。

另查明，华润车用气公司管理控制系统显示，从2010年8月16日至2010年9月20日，该公司一共为六辆天然气汽车第一次办理加气卡。

一审法院认为，具有市场支配地位的经营者，不得滥用其支配地位，无正当理由拒绝与相对人交易。因此，判断拒绝交易这一垄断行为是否成立，不仅要审查是否存在拒绝与相对人交易的行为，而且还应审查这种行为是否具有正当理由，同时也不能将个别的未及时交易的行为直接等同于拒绝交易行为。根据目前证据，不足以认定华润车用气公司存在拒绝交易的垄断行为。华润车用气公司提供的证据显示，2010年5—7月，其下属加气站实际处于超负荷运转，该情况亦有相关新闻报道内容相印证，虽然保城公司否认该数据的真实性，但未提供相反证据。华润车用气公司根据该情况，从2010年7月起大幅减少了加气卡办理数量，直至2010年12月才逐步恢复。华润车用气公司作为车用天然气供应商，属于特殊行业，其出于技术、安全等考虑，依据内部管理手册的规定，限制了加气卡办理数量，是其行使经营自主权的表现，不能因此当然得出其有拒绝交易，实施垄断行为的主观故意。故判决驳回保城公司的诉讼请求。

后保城公司因不服一审判决，向江苏省高级人民法院提起上诉。

二审法院认为，所谓拒绝交易，又称拒绝供货，指具有市场支配地位的经营者拒绝向购买者出售商品（服务）。一般而言，市场经营主体享有合同自由，包括有权选择交易对象和交易的条件、内容和方式的自由。但是，在现代市场经济条件下，为了保障市场拥有充分、公平的竞争，防止具有支配地位企业利用其市场控制力限制、排除竞争，牟取垄断利润，法律对具有市场支配地位的企业滥用其市场支配地位的行为予以明确禁止，拒绝交易即属于上述行为之一。根据反垄断法的有关规定，拒绝交易行为必须同时符合下列构成要件：(1) 企业具有市场支配地位。(2) 实施了拒绝交易行为，即购买者不能从该企业获得相关商品或服务。(3) 拒绝交易行为排除、限制了相关市场竞争。(4) 拒绝交易无正当理由。本案中，保城公司依据反垄断法主张华润车用气公司没有及时为涉案两辆汽车办理加气卡，构成拒绝交易，并据此要求华润车用气公司赔偿其经济损失。而纵观本案事实，不能认定华润车用气公司的涉案行为构成拒绝交易。

第一，涉案交易已经完成。双方当事人一致确认，华润车用气公司已经于2011年1月4日为涉案两辆车办理了加气卡。故保城公司指控的行为，实际上系指华润车用气公司没有及时为其改装的两辆车办理加气卡。即使该行为确实存在，也只能认定华润车用气公司在为涉案两辆车办理加气卡业务中，存在迟延交易，而迟延交易行为属于合同法规制的行为。

第二，华润车用气公司的行为没有产生排除或限制竞争的后果。反垄断法之所以禁止具有市场支配地位的经营者拒绝交易，旨在保护其他经营者在相关市场中的竞争自由，防止市场竞争受到排除或者限制，促进市场竞争在实质公平的基础上进行。本案中，华润车用气公司即使没有按照保城公司的要求及时为其办理涉案两辆车的加气卡，但结合在本案诉讼前后保城公司改装的汽车一直都在华润车用气公司办理到加气卡这一事实，可以认定华润车用气公司的涉案行为客观上没有也不可能导致汽车改装天然气这一市场上的竞争受到排除或限制。保城公司也没有提供证据证明其市场竞争力因此受到削弱。

第三，没有证据能够证明华润车用气公司主观上存在拒绝交易的故意。一般而言，企业的主观状态并非在个案中认定是否构成拒绝交易行为必须考虑的因素，但在本案中，对华润车用气公司的主观状态进行分析，有助于准确认定涉案被控行为的性质。如前所述，拒绝交易的目的是排除、限制竞争，维护其市场支配地位。本案中，华润车用气公司是专营为汽车提供天然气服务的企业，保城公司则是主营为汽车安装天然气瓶等业务的企业，目前在两者各自经营的领域，华润车用气公司与保城公司均没有竞争关系。保城公司作为华润车用气公司的下游企业，指控华润车用气公司拒绝交易，构成滥用市场支配地位，必须提供相关证据，证明其市场竞争力因此受到限制等影响，而保城公司并未能提供相关证据，且保城公司自己也主张，华润车用气公司拒绝为上述两辆车办理加气卡，原因是其投诉了华润车用气公司的负责人。如果该原因属实，则进一步证明华润车用气公司之所以在保城公司代理涉案车主办理加气卡时故意拖延，其目的仅是针对保城公司的投诉行为。在保城公司没有提供证据证明其改装的其他汽车都难以在华润车用气公司办理加气卡的情况下，更加说明华润车用气公司不存在削弱保城公司的竞争力、从而排除或限制相关市场竞争的主观故意。根据以上三点理由，法院认为不能认定涉案被控行为构成拒绝交易。

综上所述，如果将本案中的迟延交易认定为拒绝交易，则意味着凡是具有支配地位的企业未在购买者指定的时间及时交付商品或提供服务，即要承担反垄断法规定的民事责任。显然，这种做法不当且加重了当事人的法律义务和法律责任，背离了禁止垄断行为的立法精神。故保城公司以反垄断法为依据诉请法院裁决其与华润车用气公司的争议，属于对反垄断法的立法精神及相关条文的含义理解有误，故其上诉理由不能成立。故判决驳回上诉、维持原判。

案例3

李某与中国电信股份有限公司陕西分公司、中国电信股份有限公司西安分公司垄断定价及捆绑交易纠纷案

2008年12月西安电信为李某在纬二十九街小区的住宅办理了固话、宽带业务，后李某以资费过高为由办理了拆机业务。2011年9月李某为其住宅开通了长城宽带网络服务有限公司提供的宽带网络服务，缴纳了网络使用费850元。2012年12月23日李某为其位于银河坊小区的住宅安装了电信宽带，缴纳入网设备费（中兴ZXHNF660光纤猫）300元，宽带开户费80元，西安电信收取费用未向李某出具定价依据。李某经在西安各电信设备商城了解，得知该货物全部被陕西电信、西安电信垄断及中兴ZXHNF660光纤猫零售价为200元。李某认为陕西电信、西安电信利用垄断地位超收暴利100元，高于全国各省市平均电信设备价格，故诉至法院，请求判令陕西电信、西安电信退还设备费人民币100元。淘宝网销售的可用于电信宽带的光纤猫有华为、中兴等多个品牌、多种型号，其中中兴ZXHNF660光纤猫售价有265元、135元、514元不等，且有卖家愿以888元收购中兴ZXHNF660光纤猫。李某申请法院前往中兴公司调取中兴ZXHNF660陕西电信版的生产数量、批发价格、销售价格等；调取西安电信购买光纤猫的销售发票。中兴公司以每台431元向西安电信出售中兴ZXHNF660光纤猫4000台。李某称陕西电信、西安电信占有市场支配地位是众所周知的事实，其在本案中所诉的垄断行为是陕西电信、西安电信高于市场价格销售、搭售光纤猫。陕西电信、西安电信称其不具有市场支配地位，未强制消费者使用其提供的中兴ZXHNF660光纤猫，消费者可选择其他光纤猫。

西安市中级人民法院审理认为，李某应对西安电信在相关市场具有市场支配地位承担举证责任，但其以西安电信在西安地区的宽带入网市场占有支配地位是众所周知的事实为由，举证不足。考虑到西安电信在相关市场内是否具有能够控制提供入网宽带的价格、数量或者其他交易条件，或者能够阻碍、影响其他经营者进入相关市场能力的市场地位，并无充分证据证明，故无法认定西安电信在西安地区互联网接入服务市场内具有支配

地位。

至此，本应对陕西电信、西安电信销售光纤猫是否构成垄断行为不再论述，不过在被诉经营者是否具有市场支配地位不甚明确时，分析被诉垄断行为对竞争的影响效果，可以对该行为是否具备合法性作出判断。

因李某对陕西电信、西安电信在搭售产品市场上具有支配地位及搭售者对其实施了某种强制，使其不得不接受被搭售产品的主张未能提供证据；同时李某曾将在西安电信办理的宽带业务，更换为长城宽带网络服务有限公司提供的宽带网络服务，并提交了淘宝网销售的中国电信所用光纤猫的价格单，故李某认为陕西电信、西安电信违背交易人意愿强制搭售光纤猫及以不公平高价销售商品的主张，事实依据不足。至于李某申请调取中兴 ZXHNF660 光纤猫的销售证据，与陕西电信、西安电信是否构成垄断行为没有直接的因果关系，故李某的申请，依法不予支持。判决：驳回原告李某的诉讼请求。

【法条指引】

中华人民共和国反垄断法（节录）

第十七条 禁止具有市场支配地位的经营者从事下列滥用市场支配地位的行为：

（一）以不公平的高价销售商品或者以不公平的低价购买商品；

（二）没有正当理由，以低于成本的价格销售商品；

（三）没有正当理由，拒绝与交易相对人进行交易；

（四）没有正当理由，限定交易相对人只能与其进行交易或者只能与其指定的经营者进行交易；

（五）没有正当理由搭售商品，或者在交易时附加其他不合理的交易条件；

（六）没有正当理由，对条件相同的交易相对人在交易价格等交易条件上实行差别待遇；

（七）国务院反垄断执法机构认定的其他滥用市场支配地位的行为。

本法所称市场支配地位，是指经营者在相关市场内具有能够控制商品价格、数量或者其他交易条件，或者能够阻碍、影响其他经营者进入相关市场能力的市场地位。

第十八条 认定经营者具有市场支配地位，应当依据下列因素：

（一）该经营者在相关市场的市场份额，以及相关市场的竞争状况；

（二）该经营者控制销售市场或者原材料采购市场的能力；

（三）该经营者的财力和技术条件；

（四）其他经营者对该经营者在交易上的依赖程度；

（五）其他经营者进入相关市场的难易程度；

（六）与认定该经营者市场支配地位有关的其他因素。

第十九条 有下列情形之一的，可以推定经营者具有市场支配地位：

（一）一个经营者在相关市场的市场份额达到二分之一的；

（二）两个经营者在相关市场的市场份额合计达到三分之二的；

（三）三个经营者在相关市场的市场份额合计达到四分之三的。

有前款第二项、第三项规定的情形，其中有的经营者市场份额不足十分之一的，不应当推定该经营者具有市场支配地位。

被推定具有市场支配地位的经营者，有证据证明不具有市场支配地位的，不应当认定其具有市场支配地位。

最高人民法院关于审理因垄断行为引发的民事纠纷案件应用法律若干问题的规定（节录）

第八条 被诉垄断行为属于反垄断法第十七条第一款规定的滥用市场支配地位的，原告应当对被告在相关市场内具有支配地位和其滥用市场支配地位承担举证责任。

被告以其行为具有正当性为由进行抗辩的，应当承担举证责任。

第九条 被诉垄断行为属于公用企业或者其他依法具有独占地位的经营者滥用市场支配地位的，人民法院可以根据市场结构和竞争状况的具体情况，认定被告在相关市场内具有支配地位，但有相反证据足以推翻的除外。

第十条 原告可以以被告对外发布的信息作为证明其具有市场支配地位的证据。被告对外发布的信息能够证明其在相关市场内具有支配地位的，人民法院可以据此作出认定，但有相反证据足以推翻的除外。

第四节　经营者集中

【规则要点】

经营者实施集中行为应当事先向国务院反垄断执法机构申报，未申报的不得实施集中。经营者违反反垄断法的规定实施集中的，由国务院反垄断执法机构责令停止实施集中、限期处分股份或者资产、限期转让营业以及采取其他必要措施恢复到集中前的状态，并可以处以罚款。

【理解与适用】

一、经营者集中的情形

经营者集中，是指经营者通过合并、兼并及购买竞争对手股权或资产等方式进行的企业行为，反垄断法所调整的经营者集中的形式有以下三种。

其一，经营者合并；

其二，经营者通过取得股权或者资产的方式取得对其他经营者的控制权；

其三，经营者通过合同等方式取得对其他经营者的控制权或者能够对其他经营者施加决定性影响。

经营者集中所指的控制权，包括单独控制权和共同控制权。判断经营者是否通过交易取得对其他经营者的控制权或者能够对其他经营者施加决定性影响（控制权和决定性影响以下统称为“控制权”），取决于大量法律和事实因素。集中协议和其他经营者的章程是重要判断依据，但不是唯一的依据。虽然从集中协议和章程中无法判断取得控制权，但由于其他股权分散等原因，实际上赋予了该经营者事实上的控制权，也属于经营者集中所指的控制权取得。

判断经营者是否通过交易取得其他经营者的控制权，通常考虑包括但不限于下列因素：（1）交易的目的和未来的计划；（2）交易前后其他经营者的股权结构及其变化；(3) 其他经营者股东大会的表决事项及其表决机制，以及其历史出席率和表决情况；(4) 其他经营者董事会或监事会的组成及其表决机制；(5) 其他经营者高级管理人员的任免等；(6) 其他经营者股东、董事之间的关系，是否存在委托行使投票权、一致行动人等；(7) 该经营者与其他经营者是否存在重大商业关系、合作协议等。

控制权取得，可由经营者直接取得，也可通过其已控制的经营者间接取得。对于新设合营企业，如果至少有两个经营者共同控制该合营企业，则构成经营者集中；如果仅有一个经营者单独控制该合营企业，其他的经营者没有控制权，则不构成经营者集中。

在中国，经营者集中除了受到反垄断法的规制外，还要符合其他有关法律、法规的规定。例如，以公司合并的形式实施集中的，应当符合公司法对于公司合并的规定。此外，有的行业监管法律要求特定行业的经营者的重大事项变更应当经过审批，如证券法要求证券公司设立、收购或者撤销分支机构，变更业务范围或者注册资本，变更持有5%以上股权的股东、实际控制人，变更公司章程中的重要条款，合并、分立、停业、解散、破产，必须经国务院证券监督管理机构批准。证券公司在实施集中时，应当依照证券法的相关规定履行审批手续。其他有关法律、法规对集中所作的相关规定，经营者在实施集中时也都要严格遵守。

二、经营者集中的申报标准

由于经营者集中可能产生或者加强其市场支配地位，对市场竞争产生不利影响，并且一旦完成集中，纠正成本较大，因此反垄断法采用事前申报和强制申报制度对集中行为进行控制，要求经营者集中达到国务院规定的申报标准时，经营者应当事先向国务院反垄断执法机构申报，未申报的不得实施集中。相反，经营者集中在申报标准内的，既不需要强制性的事前申报，也不需要事后申报。

应当注意的是，中国经营者集中的审查权在国务院反垄断执法机构，其他地方执法机构无权对经营者集中进行审查。而且反垄断法本身并未对经营者集中的申报标准作出明确规定，而是授权国务院对经营者集中的申报标准作出规定。

根据《国务院关于经营者集中申报标准的规定》，经营者集中达到下列标准之一的，经营者应当事先向国务院商务主管部门申报，未申报的不得实施集中。

其一，参与集中的所有经营者上一会计年度在全球范围内的营业额合计超过100亿元人民币，并且其中至少两个经营者上一会计年度在中国境内的营业额均超过4亿元人民币；

其二，参与集中的所有经营者上一会计年度在中国境内的营业额合计超过20亿元人民币，并且其中至少两个经营者上一会计年度在中国境内的营业额均超过4亿元人民币。

需要说明的是，上述标准中的“在中国境内”，是指经营者产品或服务的买方所在地在中国境内，包括经营者从中国之外的国家或地区向中国的出口，但不包括其从中国向中国之外的国家或地区出口的产品或服务。“在全球范围内”，包括在中国境内的营业额。经营者集中未达到上述规定的申报标准，但按照规定程序收集的事实和证据表明该经营者集中具有或者可能具有排除、限制竞争效果的，国务院商务主管部门也会对其依法进行调查。

另外，上述规定的标准中营业额的计算，应当考虑银行、保险、证券、期货等特殊行业、领域的实际情况，具体计算办法由国务院商务主管部门会同国务院有关部门制定。

根据《商务部反垄断局关于经营者集中申报的指导意见》的进一步规定，营业额包括相关经营者上一会计年度内销售产品和提供服务所获得的收入，扣除相关税金及其附加。

金融业营业额的计算，按照《金融业经营者集中申报营业额计算办法》执行，保险公司集中申报营业额的计算公式为：

营业额 =（保费收入 - 营业税金及附加）×10%

其中，保费收入 = 原保险合同保费收入 + 分入保费 - 分出保费。

银行业金融机构、证券公司、期货公司、基金管理公司集中申报营业额的计算公式为：

营业额 =（营业额要素累加 - 营业税金及附加）×10%

其中银行业金融机构的营业额要素包括：（1）利息净收入；（2）手续费及佣金净收入；（3）投资收益；（4）公允价值变动收益；（5）汇兑收益；（6）其他业务收入。

证券公司的营业额要素包括：(1) 手续费及佣金净收入（包括经纪业务、资产管理业务、承销与保荐业务和财务顾问业务等）；(2) 利息净收入；(3) 投资收益；(4) 汇兑收益；(5) 其他业务收入。

期货公司的营业额要素包括：(1) 手续费及佣金净收入；(2) 银行存款利息净收入。

基金管理公司的营业额要素包括：(1) 管理费收入；(2) 手续费收入。

此外，根据《商务部反垄断局关于经营者集中申报的指导意见》，参与集中的单个经营者的营业额应当为下述经营者的营业额总和：(1) 该单个经营者；(2) 第一项所指经营者直接或间接控制的其他经营者；(3) 直接或间接控制第一项所指经营者的其他经营者；(4) 第三项所指经营者直接或间接控制的其他经营者；(5) 第一项至第四项所指经营者中两个或两个以上经营者共同控制的其他经营者。

参与集中的单个经营者的营业额不包括上述所列经营者之间发生的营业额，也不包括其在上一会计年度或之前已出售或不再具有控制权的经营者的营业额。

参与集中的单个经营者之间或者参与集中的经营者和未参与集中的经营者之间有共同控制的其他经营者，参与集中的单个经营者的营业额应当包括被共同控制的经营者与第三方经营者之间的营业额，且此营业额只计算一次。如果参与集中的单个经营者之间有共同控制的其他经营者，则参与集中的所有经营者的合计营业额不应包括被共同控制的经营者与任何一个共同控制他的参与集中的经营者，或与后者有控制关系的经营者之间发生的营业额。如果参与集中的经营者被两个或两个以上经营者共同控制，其营业额应包括所有控制方的营业额。

在一项经营者集中包括收购一个或多个经营者的一部分时，如果卖方在交易后对被出售部分不再拥有控制权时，则对于卖方而言，只计算集中涉及部分的营业额。如下面两种情形：在出售资产的情况下，卖方对被出售的资产不再拥有控制权，则只计算该资产所产生的营业额；在出售目标公司全部或部分股权的情况下，卖方在交易完成后对目标公司不再拥有控制权，则只计算该目标公司的营业额。

相同经营者之间在两年内多次实施的未达申报标准的经营者集中，应当视为一次集中交易，集中发生时间从最后一次交易算起，该经营者集中的营业额应当将多次交易合并计算。经营者通过与其有控制关系的其他经营者实施的上述行为，依照上述办法处理。

根据国际上的通行做法，反垄断法也规定了经营者集中的申报豁免制度，如果经营者集中有下列情形之一的，即使达到申报标准也可以不向国务院反垄断执法机构申报：

其一，参与集中的一个经营者拥有其他每个经营者百分之五十以上有表决权的股份或者资产的；

其二，参与集中的每个经营者百分之五十以上有表决权的股份或者资产被同一个未参与集中的经营者拥有的。

三、经营者集中的申报程序

（一）面谈

经营者可以在正式递交申报资料前与反垄断局书面预约商谈时间，以期明了诸如营业额如何计算、是否可以联合申报、是否可以委托两个代理人进行申报等等相关问题。商谈申请应当以书面方式，通过传真、邮寄等方式提交反垄断局。商谈申请须包括如下内容：交易概况、交易各方的基本信息等文件和资料；拟商谈问题；参与商谈人员的姓名、国籍、单位及职务；建议的商谈时间；联系人及其联系方式等。商谈涉及的交易应是真实和相对确定的，且拟商谈的问题应与拟申报或已申报集中直接有关。

商谈的具体内容可以包括以下几个方面。

1. 交易是否需要申报

包括相关交易是否属于经营者集中，是否达到申报标准等。

2. 需要提交的申报文件资料

包括申报文件资料的信息种类、形式、内容和详略程度等。

3. 具体法律和事实问题

包括如何界定相关商品市场和相关地域市场、是否符合《关于经营者集中简易案件适用标准的暂行规定》等。

4. 就申报和审查程序提供指导

包括申报的时间、申报义务人、申报和审查的时限、简易案件申报程序、非简易案件申报程序、审查程序等。

5. 其他相关问题

例如，交易是否存在未依法申报问题等。

但需要注意的是，面谈程序非必经程序。反垄断局收到商谈申请后，根据案件具体情况及拟商谈问题确定是否安排商谈以及如何安排商谈。对于商谈申请内容不完整的，反垄断局可以要求经营者提交补充资料。经营者应当在反垄断局规定的时间内补交。

（二）申报

1. 申报义务人

经营者集中达到国务院规定的申报标准时，经营者应当事先向国务院反垄断执法机构申报。通过合并方式实施的经营者集中，由参与合并的各方经营者申报；其他方式的经营者集中，由取得控制权的经营者申报，其他经营者予以配合。在同一案件中，有申报义务的经营者是两个或两个以上时，可以约定由其中一个经营者负责申报，也可以共同申报。约定由一个经营者申报而该经营者没有申报的，其他有申报义务的经营者不因上述约定而减免其未依法申报法律责任。申报义务人未进行集中申报的，其他参与集中的经营者可以提出申报。申报人应当在集中协议签署后，集中实施前向商务部申报。以公开要约方式收购上市公司的，已公告的要约收购报告书可视同为已签署的集中协议。

2. 申报案件种类

在中国，经营者集中的申报分为简易案件的申报和非简易案件的申报。根据相关规定，对于符合简易案件标准的经营者集中，申报人可以申请作为简易案件申报，如果申报人未申请的，应作为非简易案件申报。在正式申报前，经营者可以就拟申报的交易是否符合简易案件标准等问题向反垄断局申请商谈。商谈不是经营者集中简易案件申报的必经程序，经营者可以自行决定是否申请商谈。商谈申请应以书面方式，通过传真、邮寄或专人递送等方式提交。

根据《关于经营者集中简易案件适用标准的暂行规定》规定，符合下列情形的经营者集中案件为简易案件。

（1）在同一相关市场，所有参与集中的经营者所占的市场份额之和小于15%；

（2）存在上下游关系的参与集中的经营者，在上下游市场所占的份额均小于 25%；

（3）不在同一相关市场也不存在上下游关系的参与集中的经营者，在与交易有关的每个市场所占的份额均小于 25%；

（4）参与集中的经营者在中国境外设立合营企业，合营企业不在中国境内从事经济活动；

（5）参与集中的经营者收购境外企业股权或资产的，该境外企业不在中国境内从事经济活动；

（6）由两个以上经营者共同控制的合营企业，通过集中被其中一个或一个以上经营者控制。

虽然符合上述规定，但存在下列情形的经营者集中案件，则不视为简易案件。

（1）由两个以上经营者共同控制的合营企业，通过集中被其中的一个经营者控制，该经营者与合营企业属于同一相关市场的竞争者；

（2）经营者集中涉及的相关市场难以界定；

（3）经营者集中对市场进入、技术进步可能产生不利影响；

（4）经营者集中对消费者和其他有关经营者可能产生不利影响；

（5）经营者集中对国民经济发展可能产生不利影响；

（6）商务部认为可能对市场竞争产生不利影响的其他情形。

申报人在进行申报时，应当通过《经营者集中反垄断审查申报表》客户端申报软件，选择填报《经营者集中反垄断审查申报表》或《经营者集中简易案件反垄断审查申报表》编辑申报文件材料，该客户端申报软件可以在商务部反垄断局网站（http：//fldj. mofcom. gov. cn）下载。

简易案件的申报人在申报时应填报《经营者集中简易案件公示表》（以下简称《公示表》）。简易案件立案后，反垄断局对申报人《公示表》在商务部反垄断局网站（http：//fldj. mofcom. gov. cn）予以公示，公示期为 10 日。在公示期内，任何单位和个人（第三方）均可对该案是否应被认定为简易案件向反垄断局提交书面意见。第三方认为公示案件不应被认定为简易案件的，应在公示期内向反垄断局提出异议，并提供相关证据和联系方法。反垄断局应对第三方的意见和证据进行核实。对于没有提供联系方法，或提供虚假联系方法，致使无法核实意见和证据的，反垄断局不予采信。反垄断局在审查时发现不应认定为简易案件的，应撤销简易案件认定，并要求申报人按非简易案件重新申报。

在申报简易案件时，如果符合以下情形时，商务部可以撤销对简易案件的认定：

（1）申报人隐瞒重要情况或者提供虚假材料、误导性信息；

（2）第三方主张经营者集中具有或可能具有排除、限制竞争效果并提供相关证据；

（3）商务部发现集中交易情况或相关市场竞争状况发生重大变化。

反垄断局在立案前拟退回简易案件申请，或立案后拟撤销简易案件认定时，应听取申报人的意见，并对其提出的事实、理由和证据进行核实。申报人隐瞒重要情况或者提供虚假材料、误导性信息的，反垄断局可以责令申报人按非简易案件重新申报，并依据反垄断法的相关规定追究相关经营者和个人的法律责任。

3. 申报的文件资料

申报人应在能够提交符合反垄断法规定的申报文件、资料后提出申报。申报简易案件所要提交的申报材料与非简易案件是一样的。经营者向国务院反垄断执法机构申报集中，应当提交的文件、资料包括以下内容。

（1）申报书

申报书应当载明参与集中的经营者的名称、住所、经营范围、预定实施集中的日期、申报人身份证明或注册登记证明，若申报人为境外企业或自然人，还应提交当地相关机构出具的公证认证文件。申报人委托他人代理申报的，应出具授权委托书，并提供其联系方式及文件送达地址。境外申报人应委托在境内有住所的代理人或文件签收人，并提供联系方式。

《商务部反垄断局关于经营者集中申报文件资料的指导意见》进一步规定，申报书应当载明参与集中的经营者的名称、住所、经营范围、集中的性质、集中的背景、预定实施集中的日期、集中将影响的市场、集中的商业考虑、经济合理性以及集中所符合的申报标准。申报书内容应简明，并由申报人或其委托代理人签字。申报书应附一份不包含商业秘密和国家秘密的摘要。

（2）集中对相关市场竞争状况影响的说明

其主要包括：集中交易概况；集中的动机、目的和经济合理性分析；

相关市场界定；参与集中的经营者在相关市场的市场份额及其对市场的控制力；主要竞争者及其市场份额；市场集中度；市场进入；行业发展现状；集中对市场竞争结构、行业发展、技术进步、国民经济发展、消费者以及其他经营者的影响等。

《商务部反垄断局关于经营者集中申报文件资料的指导意见》进一步规定，集中对相关市场竞争状况影响的说明，包括但不限于：

① 相关市场界定及理由，包括对产品市场和地域市场的界定。界定相关产品市场可以从产品本身的特性、价格、用途、消费者需求和偏好、需求和供应替代性等角度进行分析。界定相关地域市场可以从行业特点、产品性质、运输、关税、保险、消费习惯等角度分析。界定相关市场必要时应提供相关数据进行相应的经济学分析。

② 相关市场基本状况，包括但不限于从市场总体规模及发展现状、主要市场竞争者及其市场份额和联系方式、市场集中度、相关市场产品进出口状况及关税、运输成本、各国价格水平等方面分析，并提供数据来源和计算依据、证明文件等。

③ 集中对市场结构的影响，包括但不限于从集中各方最近两年营业额及市场份额、集中各方经营方式等方面分析，并提供数据来源和计算依据、证明文件等。

④ 相关市场的上、下游主要企业、联系人及联系方式，其中应列明与集中各方存在上、下游交易的主要企业，并介绍与上、下游企业开展交易的基本情况。

⑤ 相关市场的供应结构和需求结构。

（3）集中协议

其主要包括：各种形式的集中协议文件，如协议书、合同以及相应的补充文件等。集中协议应包括与集中相关的全部交易文件及其补充文件和附件。如果集中协议为外文，应同时报送中文译本或主要部分中文摘要。

（4）参与集中的经营者经会计师事务所审计的上一会计年度财务会计报告

如果会计报表为外文，应同时报送中文译本或主要部分中文摘要。

（5）反垄断局要求提交的其他文件资料

《商务部反垄断局关于经营者集中申报文件资料的指导意见》中还要

求提供的资料有：

① 相关市场的行业协会信息，包括是否存在行业协会、协会的名称、负责人以及联系方式等。还可以提供相关行业内的专家信息。

② 有关方面对本次集中的意见，如地方政府和主管部门的意见、社会各界对本集中的反映和社会影响预测。可以整理汇总各方面意见并附上相关文件资料。

③ 本集中在其他司法管辖区的申报审查情况。

④ 其他需要向主管机关说明的情况。如集中涉及破产企业、国家安全、产业政策、国有资产、其他部门职能、驰名商标等问题，应就以上问题作出特别说明。

⑤ 集中各方或（和）其授权代理人签署的就申报文件资料真实性和（或）来源准确性的声明。

如果经营者提交的文件、资料不完备，则应当在国务院反垄断执法机构规定的期限内补交文件、资料。经营者逾期未补交文件、资料的，视为未申报。申报人将申报文件、资料经商务部行政事务服务中心提交反垄断局，行政服务中心向申报人出具《商务部行政事务服务中心申办事项受理单》。受理单仅表示已收到申报材料，并不表示反垄断局已立案审查。反垄断局审核申报人提交的相关文件和资料后，认为申报文件、资料（包括补充的文件、资料）符合反垄断法规定的，应当立案审查，并经由行政服务中心向申报人递送立案通知。

（三）申报的撤回

在申报后发生申报人知悉或应当知悉的重大变化，或发生应披露的新情况的，申报人应及时书面通知反垄断局。对于申报后发生实质性变化的交易，申报人应将该交易作为一次新的集中重新申报。

申报后如果符合下列情形之一的，申报人可以书面申请撤回申报。

一是交易不属于经营者集中的；

二是集中未达到申报标准的；

三是属于反垄断法规定的经营者集中的豁免情形的；

四是集中发生实质性变化，需要重新申报的；

五是集中各方放弃交易的。

对于符合上述情形的交易，反垄断局审核后应书面同意其撤回。

四、经营者集中的审查

（一）初步审查

国务院反垄断执法机构应当自收到经营者提交的文件、资料之日起30日内，对申报的经营者集中进行初步审查。

初步审查导致两种结果：

一是情况清楚，经营者参与的集中对竞争没有影响或影响不大，不需要进一步审查，反垄断执法机构作出决定并书面通知申报参与集中的经营者，可以进行经营者集中。

二是反垄断执法机构认为该集中有可能影响竞争或对竞争造成威胁，将开始进行进一步审查，反垄断执法机构也应作出决定并书面通知申报集中的经营者。

国务院反垄断执法机构作出上述决定前，经营者不得实施集中。

为保护参与集中的经营者的利益，反垄断法要求国务院反垄断执法机构在初步审查的30日内作出是否实施进一步审查的决定，国务院反垄断执法机构作出不实施进一步审查的决定或者逾期未作出决定的，经营者可以实施集中。

（二）进一步审查

国务院反垄断执法机构决定实施进一步审查的，应当自决定之日起90日内审查完毕，作出是否禁止经营者集中的决定，并书面通知经营者。作出禁止经营者集中的决定，应当说明理由。审查期间，经营者不得实施集中。

有下列情形之一的，国务院反垄断执法机构经书面通知经营者，可以延长审查期限，但最长不得超过60日：

一是经营者同意延长审查期限的；

二是经营者提交的文件、资料不准确，需要进一步核实的；

三是经营者申报后有关情况发生重大变化的。

国务院反垄断执法机构逾期未作出决定的，经营者可以实施集中。

审查经营者集中考虑的因素包括：

一是参与集中的经营者在相关市场的市场份额及其对市场的控制力；

二是相关市场的市场集中度；

三是经营者集中对市场进入、技术进步的影响；

四是经营者集中对消费者和其他有关经营者的影响；

五是经营者集中对国民经济发展的影响；

六是国务院反垄断执法机构认为应当考虑的影响市场竞争的其他因素。

经营者集中具有或者可能具有排除、限制竞争效果的，国务院反垄断执法机构应当作出禁止经营者集中的决定。但是，经营者能够证明该集中对竞争产生的有利影响明显大于不利影响，或者符合社会公共利益的，国务院反垄断执法机构可以作出对经营者集中不予禁止的决定。对不予禁止的经营者集中，国务院反垄断执法机构可以决定附加减少集中对竞争产生不利影响的限制性条件。国务院反垄断执法机构应当将禁止经营者集中的决定或者对经营者集中附加限制性条件的决定，及时向社会公布。

（三）国家安全审查

需要注意的是，对外资并购境内企业或者以其他方式参与经营者集中，涉及国家安全的，除依照反垄断法的规定进行经营者集中审查外，还应当按照国家有关规定进行国家安全审查。

目前，中国已初步建立并正在进一步完善对外资并购的国家安全审查制度。国务院制定的《指导外商投资方向规定》中明确规定，禁止外商投资“危害国家安全或者损害社会公共利益”的项目以及“运用我国特有工艺或者技术生产产品”的项目。《关于外国投资者并购境内企业的规定》明确规定，外国投资者并购境内企业并取得实际控制权，涉及重点行业、存在影响或可能影响国家经济安全因素或者导致拥有驰名商标或中华老字号的境内企业实际控制权转移的，当事人应就此向商务部进行申报。当事人未予申报，但其并购行为对国家经济安全造成或可能造成重大影响的，商务部可以会同相关部门要求当事人终止交易或采取转让相关股权、资产或其他有效措施，以消除并购行为对国家经济安全的影响。

为引导外国投资者并购境内企业的有序发展，维护国家安全，经国务院同意，国务院办公厅发布了《国务院办公厅关于建立外国投资者并购境内企业安全审查制度的通知》，对并购安全审查的范围、内容、工作机制、程序等问题进行了明确规定。

1. 并购安全审查范围

根据《国务院办公厅关于建立外国投资者并购境内企业安全审查制度的通知》规定，并购安全审查的范围为：外国投资者并购境内军工及军工配套企业，重点、敏感军事设施周边企业，以及关系国防安全的其他单位；外国投资者并购境内关系国家安全的重要农产品、重要能源和资源、重要基础设施、重要运输服务、关键技术、重大装备制造等企业，且实际控制权可能被外国投资者取得。

此处的“外国投资者并购境内企业”，是指下列情形。

（1）外国投资者购买境内非外商投资企业的股权或认购境内非外商投资企业增资，使该境内企业变更设立为外商投资企业。

（2）外国投资者购买境内外商投资企业中方股东的股权，或认购境内外商投资企业增资。

（3）外国投资者设立外商投资企业，并通过该外商投资企业协议购买境内企业资产并且运营该资产，或通过该外商投资企业购买境内企业股权。

（4）外国投资者直接购买境内企业资产，并以该资产投资设立外商投资企业运营该资产。

此处的“外国投资者取得实际控制权”，是指外国投资者通过并购成为境内企业的控股股东或实际控制人，包括下列情形。

（1）外国投资者及其控股母公司、控股子公司在并购后持有的股份总额在50%以上。

（2）数个外国投资者在并购后持有的股份总额合计在50%以上。

（3）外国投资者在并购后所持有的股份总额不足50%，但依其持有的股份所享有的表决权已足以对股东会或股东大会、董事会的决议产生重大影响。

（4）其他导致境内企业的经营决策、财务、人事、技术等实际控制权转移给外国投资者的情形。

2. 并购安全审查内容

根据《国务院办公厅关于建立外国投资者并购境内企业安全审查制度的通知》规定，并购安全审查内容包括以下几项。

（1）并购交易对国防安全，包括对国防需要的国内产品生产能力、国内服务提供能力和有关设备设施的影响。

（2）并购交易对国家经济稳定运行的影响。

（3）并购交易对社会基本生活秩序的影响。

（4）并购交易对涉及国家安全关键技术研发能力的影响。

3. 并购安全审查工作机构

并购安全审查工作由外国投资者并购境内企业安全审查部际联席会议（简称“联席会议”）具体承担。联席会议在国务院领导下，由发展改革委、商务部牵头，根据外资并购所涉及的行业和领域，会同相关部门开展并购安全审查。

4. 并购安全审查程序

（1）提出申请

外国投资者并购境内企业，应按照有关规定，由投资者向商务部提出申请。国务院有关部门、全国性行业协会、同业企业及上下游企业认为需要进行并购安全审查的，可以通过商务部提出进行并购安全审查的建议。

（2）决定是否进行并购安全审查

对属于安全审查范围内的并购交易，商务部应在5个工作日内提请联席会议进行审查。联席会议认为确有必要进行并购安全审查的，可以决定进行审查。

（3）一般性审查和特别审查

联席会议对商务部提请安全审查的并购交易，首先进行一般性审查，对未能通过一般性审查的，进行特别审查。一般性审查采取书面征求意见的方式进行。联席会议收到商务部提请安全审查的并购交易申请后，在5个工作日内，书面征求有关部门的意见。有关部门在收到书面征求意见函后，应在20个工作日内提出书面意见。如有关部门均认为并购交易不影响国家安全，则不再进行特别审查，由联席会议在收到全部书面意见后5个工作日内提出审查意见，并书面通知商务部。

如有部门认为并购交易可能对国家安全造成影响，联席会议应在收到书面意见后5个工作日内启动特别审查程序。启动特别审查程序后，联席会议组织对并购交易的安全评估，并结合评估意见对并购交易进行审查，意见基本一致的，由联席会议提出审查意见；存在重大分歧的，由联席会议报请国务院决定。联席会议自启动特别审查程序之日起60个工作日内完成特别审查，或报请国务院决定。审查意见由联席会议书面通知商务部，再由商务部书面通知申请人。

外国投资者并购境内企业行为对国家安全已经造成或可能造成重大影响的，联席会议应要求商务部会同有关部门终止当事人的交易，或采取转让相关股权、资产或其他有效措施，消除该并购行为对国家安全的影响。

并购交易当事人应配合联席会议的安全审查工作，提供安全审查需要的材料、信息，接受有关询问。在并购安全审查过程中，申请人可向商务部申请修改交易方案或撤销并购交易。

五、对经营者集中附加限制性条件

（一）限制性条件的种类

前面已经介绍过，对不予禁止的经营者集中，国务院反垄断执法机构也即是商务部可以附加减少集中对竞争产生不利影响的限制性条件。

限制性条件包括以下几类：

1. 剥离有形资产、知识产权等无形资产或相关权益等结构性条件。剥离，是指按照审查决定应当出售剥离业务的经营者将剥离业务出售给买方的行为。剥离业务，是指经营者在相关市场开展有效竞争所需要的所有要素，包括剥离义务人的有形资产、无形资产、股权、关键人员以及客户协议或供应协议等权益。剥离业务可以是参与集中经营者的子公司、分支机构或者业务部门。

2. 开放网络或平台等基础设施、许可关键技术（包括专利、专有技术或其他知识产权）、终止排他性协议等行为性条件。

3. 结构性条件和行为性条件相结合的综合性条件。

（二）限制性条件的确定

商务部在审查经营者集中过程中，应及时提出集中具有或可能具有的排除、限制竞争效果并说明理由，申报方可以据此提出限制性条件建议（简称“附条件建议”）。（商务部提出集中具有或可能具有排除、限制竞争效果之前，申报方也可以提出附条件建议。）针对商务部提出的排除、限制竞争效果，申报方提出附条件建议的，应在进一步审查阶段截止日前二十日内提交最终方案。在规定期限内申报方未提出附条件建议的，或者所提出的附条件建议不足以减少集中对竞争产生的不利影响的，商务部则会作出禁止该项集中的决定。申报方在规定期限内提出附条件建议后，商务部即应当与申报方进行协商，对附条件建议的有效性、可行性和及时性进行评估，并将评估结果通知申报方。申报方提出的附条件建议首选方案存在不能实施的风险的，商务部可以在审查决定中要求申报方在首选方案基础上提出备选方案。备选方案应比首选方案的条件更为严格，可以包括不同核心资产，包括有形资产、知识产权等无形资产或相关权益等。

评估附条件建议时，商务部可以采用发放调查问卷、召开听证会、组织相关专家进行论证或其他方式征求相关政府部门、行业协会、经营者、消费者的意见。商务部应当将附加限制性条件的审查决定向社会公布。商务部应在审查决定中明确是否要求申报方委托受托人及适用的程序。

（三）限制性条件的实施

附加限制性条件为剥离的，可采取自行剥离或者受托剥离的方式。自行剥离指剥离义务人在审查决定规定的期限内，找到适当的买方、签订出售协议并经商务部审核批准的行为。受托剥离指剥离义务人未能如期完成自行剥离的情形下，由剥离受托人在审查决定规定的期限内寻找买方、签订出售协议并经商务部审核批准的行为。

采取自行剥离的，剥离义务人应在审查决定规定的期限内寻找买方。

剥离业务的买方应当符合下列要求：

一是独立于参与集中的经营者；

二是拥有必要的资源、能力并有意愿使用剥离业务参与市场竞争；

三是取得其他监管机构的批准；

四是不得向参与集中的经营者融资购买剥离业务；

五是商务部根据具体案件情况提出的其他要求。

买方已有或者能够从其他途径获得的生产要素应当与剥离业务相匹配，买方有权请求商务部对剥离资产的范围进行必要的调整。剥离义务人应在审查决定规定的期限内向商务部提交买方人选及其与买方签署的出售协议。剥离义务人与买方之间签署的任何协议，包括出售协议、过渡期协议，不得含有与审查决定相违背的条款。剥离义务人提交商务部审查的潜在买方、监督受托人、剥离受托人应各不少于三家。在特殊情况下，经商务部同意，上述人选可少于三家。商务部应对剥离义务人提交的监督受托人、剥离受托人、买方人选、委托协议和拟签订的出售协议进行审查，以确保其符合审查决定的要求。商务部在上述审查批准过程中所用时间不计入剥离期限。

审查决定未规定自行剥离期限的，剥离义务人应在审查决定作出之日起六个月内找到适当的买方并签订出售协议。根据案件具体情况，经剥离义务人说明理由，商务部可以酌情延长自行剥离期限，但延期最长不得超过三个月。审查决定未规定受托剥离期限的，剥离受托人应当在受托剥离开始之日起六个月内寻找适当的买方并签订出售协议。

在下列情况下，商务部可以要求剥离义务人在集中实施之前寻找买方并签订出售协议。

其一，剥离之前维持剥离业务的竞争性和可销售性存在较大风险；

其二，买方的身份对剥离业务能否恢复市场竞争具有决定性影响；

其三，第三方对剥离业务主张权利。

剥离义务人应当在出售协议签订之日起三个月内将剥离业务转移给买方，并完成所有权转移等相关法律程序。根据案件具体情况，经剥离义务人申请并说明理由，商务部可酌情延长业务转移的期限。

经商务部批准的买方购买剥离业务达到《国务院关于经营者集中申报标准的规定》经营者集中申报标准的，应向商务部申报。商务部作出审查决定之前，剥离义务人不得将剥离业务出售给买方。

（四）限制性条件的监督

限制性条件为剥离的，剥离义务人应在商务部作出审查决定之日起十五日内向商务部提交监督受托人人选，在进入受托剥离阶段三十日前向商务部提交剥离受托人人选。监督受托人，是指受申报方委托并经商务部同意，在自行剥离阶段负责对剥离进行监督的自然人、法人或其他组织。剥离受托人，是指受申报方委托并经商务部同意，在受托剥离阶段负责出售剥离业务的自然人、法人或其他组织。

剥离义务人应与监督受托人和剥离受托人签订书面协议，明确各自权利和义务，应负责支付监督受托人和剥离受托人报酬，应对监督受托人、剥离受托人和剥离业务买方提供必要的支持和便利。

监督受托人和剥离受托人应当符合下列要求。

第一，独立于剥离义务人和剥离业务的买方；

第二，具有履行受托人职责的专业团队，团队成员应当具有对限制性条件进行监督所需的专业知识、技能及相关经验；

第三，受托人提出可行的工作方案；

第四，对买方人选确定过程的监督；

第五，商务部提出的其他要求。

在剥离完成之前，为确保剥离业务的存续性、竞争性和可销售性，剥离义务人应当履行下列义务：

其一，保持剥离业务与其保留的业务之间相互独立，并采取一切必要措施以最符合剥离业务发展的方式进行管理；

其二，不得实施任何可能对剥离业务有不利影响的行为，包括聘用被剥离业务的关键员工，获得剥离业务的商业秘密或其他保密信息等；

其三，指定专门的管理人，负责管理剥离业务。管理人在监督受托人的监督下履行职责，其任命和更换应得到监督受托人的同意；

其四，确保潜在买方能够以公平合理的方式获得有关剥离业务的充分信息，评估剥离业务的商业价值和发展潜力；

其五，根据买方的要求向其提供必要的支持和便利，确保剥离业务的顺利交接和稳定经营；

其六，向买方及时移交剥离业务并履行相关法律程序。

剥离义务人应当及时向商务部报告其遵守审查决定、实施剥离和执行相关协议等情况。监督受托人负责对剥离义务人的报告事项进行监督。

监督受托人应当在商务部的监督下，履行下列职责：

其一，监督剥离义务人履行本规定、审查决定及相关协议规定的义务；

其二，对剥离义务人推荐的买方人选、拟签订的出售协议进行评估，并向商务部提交评估报告；

其三，监督出售协议的执行，并定期向商务部提交监督报告；

其四，协调剥离义务人与潜在买方就剥离事项产生的争议；

其五，应商务部的要求提交其他与剥离有关的报告。

监督受托人不得披露其在履行职责过程中向商务部提交的各种报告及相关信息。

在受托剥离阶段，剥离受托人负责为剥离业务找到买方并达成出售协议。剥离受托人有权以无底价方式出售剥离业务。如果剥离义务人违反审查决定，未能及时、有效地履行剥离义务，相关政府部门、行业协会、经营者、消费者等单位或个人可以向商务部举报。

（五）限制性条件的变更和解除

审查决定生效后，商务部可以对限制性条件进行重新审查，变更或者解除限制性条件。集中后经营者申请变更或解除限制性条件的，应向商务部提出书面申请，并说明理由。

商务部评估变更或解除限制性条件请求时，应考虑如下因素：

一是集中交易方是否发生重大变化；

二是相关市场竞争状况是否发生了实质性变化；

三是实施限制性条件是否无必要或不可能；

四是其他因素。

经营者申请变更或者解除限制性条件，商务部应及时给予书面答复；商务部决定变更或解除限制性条件的，应当及时向社会公布。

六、违法实施经营者集中的法律责任

经营者违反反垄断法的规定实施集中的，由国务院反垄断执法机构责令停止实施集中、限期处分股份或者资产、限期转让营业以及采取其他必要措施恢复到集中前的状态，可以处五十万元以下的罚款，具体数额，由国务院反垄断执法机构依据经营者违反规定实施集中的性质、程度和持续时间等因素决定。

2011 年商务部发布的《未依法申报经营者集中调查处理暂行办法》对未依法申报经营者集中的违法行为的法律责任作了更具体的规定，据此，商务部负责未依法申报经营者集中的调查处理工作。根据工作需要，商务部也可以委托省级商务主管部门协助调查本地区内的未依法申报经营者集中。经调查认定被调查的经营者未依法申报而实施集中的，商务部可以对被调查的经营者处五十万元以下的罚款，并可责令被调查的经营者采取停止实施集中、限期处分股份或者资产、限期转让营业及其他必要措施恢复到集中前的状态。

【风险提示】

反垄断法采用事前申报和强制申报制度对集中行为进行控制，经营者集中达到申报标准时，经营者应当事先向国务院反垄断执法机构申报，未

申报的不得实施集中。

【相关案例】

可口可乐公司收购中国汇源公司被禁止案

2008年9月18日，可口可乐公司向商务部递交了经营者集中的申报材料。9月25日、10月9日、10月16日和11月19日，可口可乐公司根据商务部要求对申报材料进行了补充。11月20日，商务部认为可口可乐公司提交的申报材料达到了反垄断法第23条规定的标准，对此项申报进行立案审查，并通知了可口可乐公司。

由于此项集中规模较大、影响复杂，2008年12月20日，初步阶段审查工作结束后，商务部决定实施进一步审查，书面通知了可口可乐公司。在进一步审查过程中，商务部对集中造成的各种影响进行了评估，并于2009年3月20日前完成了审查工作。

根据反垄断法的相关规定，商务部从如下几个方面对此项经营者集中进行了全面审查：

其一，参与集中的经营者在相关市场的市场份额及其对市场的控制力；

其二，相关市场的市场集中度；

其三，经营者集中对市场进入、技术进步的影响；

其四，经营者集中对消费者和其他有关经营者的影响；

其五，经营者集中对国民经济发展的影响；

其六，汇源品牌对果汁饮料市场竞争产生的影响。

商务部对申报材料进行了认真核实，对此项申报涉及的重要问题进行了深入分析，并通过书面征求意见、论证会、座谈会、听证会、实地调查、委托调查以及约谈当事人等方式，先后征求了相关政府部门、相关行业协会、果汁饮料企业、上游果汁浓缩汁供应商、下游果汁饮料销售商、集中交易双方、可口可乐公司中方合作伙伴以及相关法律、经济和农业专家等方面意见。

审查工作结束后，商务部依法对此项集中进行了全面评估，确认集中将产生如下不利影响：

1. 集中完成后，可口可乐公司有能力将其在碳酸软饮料市场上的支配地位传导到果汁饮料市场，对现有果汁饮料企业产生排除、限制竞争效果，进而损害饮料消费者的合法权益。

2. 品牌是影响饮料市场有效竞争的关键因素，集中完成后，可口可乐公司通过控制“美汁源”和“汇源”两个知名果汁品牌，对果汁市场控制力将明显增强，加之其在碳酸饮料市场已有的支配地位以及相应的传导效应，集中将使潜在竞争对手进入果汁饮料市场的障碍明显提高。

3. 集中挤压了国内中小型果汁企业生存空间，抑制了国内企业在果汁饮料市场参与竞争和自主创新的能力，给中国果汁饮料市场有效竞争格局造成不良影响，不利于中国果汁行业的持续健康发展。

为了减少审查中发现的不利影响，商务部与可口可乐公司就附加限制性条件进行了商谈。商谈中，商务部就审查中发现的问题，要求可口可乐公司提出可行解决方案。可口可乐公司对商务部提出的问题表述自己的看法，并先后提出了初步解决方案及其修改方案。经过评估，商务部认为可口可乐公司针对影响竞争问题提出的救济方案，仍不能有效减少此项集中产生的不利影响。

鉴于上述原因，根据反垄断法第28条和第29条，商务部认为，此项经营者集中具有排除、限制竞争效果，将对中国果汁饮料市场有效竞争和果汁产业健康发展产生不利影响。鉴于参与集中的经营者没有提供充足的证据证明集中对竞争产生的有利影响明显大于不利影响或者符合社会公共利益，在规定的时间内，可口可乐公司也没有提出可行的减少不利影响的解决方案，因此，决定禁止此项经营者集中。

【法条指引】

中华人民共和国反垄断法（节录）

第二十条 经营者集中是指下列情形：

（一）经营者合并；

（二）经营者通过取得股权或者资产的方式取得对其他经营者的控制权；

（三）经营者通过合同等方式取得对其他经营者的控制权或者能够对其他经营者施加决定性影响。

第二十一条 经营者集中达到国务院规定的申报标准的，经营者应当事先向国务院反垄断执法机构申报，未申报的不得实施集中。

第二十二条 经营者集中有下列情形之一的，可以不向国务院反垄断执法机构申报：

（一）参与集中的一个经营者拥有其他每个经营者百分之五十以上有表决权的股份或者资产的；

（二）参与集中的每个经营者百分之五十以上有表决权的股份或者资产被同一个未参与集中的经营者拥有的。

第二十三条 经营者向国务院反垄断执法机构申报集中，应当提交下列文件、资料：

（一）申报书；

（二）集中对相关市场竞争状况影响的说明；

（三）集中协议；

（四）参与集中的经营者经会计师事务所审计的上一会计年度财务会计报告；

（五）国务院反垄断执法机构规定的其他文件、资料。

申报书应当载明参与集中的经营者的名称、住所、经营范围、预定实施集中的日期和国务院反垄断执法机构规定的其他事项。

第二十四条 经营者提交的文件、资料不完备的，应当在国务院反垄断执法机构规定的期限内补交文件、资料。经营者逾期未补交文件、资料的，视为未申报。

第二十五条 国务院反垄断执法机构应当自收到经营者提交的符合本法第二十三条规定的文件、资料之日起三十日内，对申报的经营者集中进行初步审查，作出是否实施进一步审查的决定，并书面通知经营者。国务院反垄断执法机构作出决定前，经营者不得实施集中。

国务院反垄断执法机构作出不实施进一步审查的决定或者逾期未作出决定的，经营者可以实施集中。

第二十六条 国务院反垄断执法机构决定实施进一步审查的，应当自决定之日起九十日内审查完毕，作出是否禁止经营者集中的决定，并书面通知经营者。作出禁止经营者集中的决定，应当说明理由。审查期间，经营者不得实施集中。

有下列情形之一的，国务院反垄断执法机构经书面通知经营者，可以延长前款规定的审查期限，但最长不得超过六十日：

（一）经营者同意延长审查期限的；

（二）经营者提交的文件、资料不准确，需要进一步核实的；

（三）经营者申报后有关情况发生重大变化的。

国务院反垄断执法机构逾期未作出决定的，经营者可以实施集中。

第二十七条 审查经营者集中，应当考虑下列因素：

（一）参与集中的经营者在相关市场的市场份额及其对市场的控制力；

（二）相关市场的市场集中度；

（三）经营者集中对市场进入、技术进步的影响；

（四）经营者集中对消费者和其他有关经营者的影响；

（五）经营者集中对国民经济发展的影响；

（六）国务院反垄断执法机构认为应当考虑的影响市场竞争的其他因素。

第二十八条 经营者集中具有或者可能具有排除、限制竞争效果的，国务院反垄断执法机构应当作出禁止经营者集中的决定。但是，经营者能够证明该集中对竞争产生的有利影响明显大于不利影响，或者符合社会公共利益的，国务院反垄断执法机构可以作出对经营者集中不予禁止的决定。

第二十九条 对不予禁止的经营者集中，国务院反垄断执法机构可以决定附加减少集中对竞争产生不利影响的限制性条件。

第三十条 国务院反垄断执法机构应当将禁止经营者集中的决定或者对经营者集中附加限制性条件的决定，及时向社会公布。

第三十一条 对外资并购境内企业或者以其他方式参与经营者集中，涉及国家安全的，除依照本法规定进行经营者集中审查外，还应当按照国家有关规定进行国家安全审查。

第五节 滥用行政权力排除、限制竞争

【规则要点】

行政机关和法律、法规授权的具有管理公共事务职能的组织不得滥用

行政权力排除、限制竞争。行政机关和法律、法规授权的具有管理公共事务职能的组织滥用行政权力，实施排除、限制竞争行为的，由上级机关责令改正；对直接负责的主管人员和其他直接责任人员依法给予处分。反垄断执法机构可以向有关上级机关提出依法处理的建议。

【理解与适用】

一、滥用行政权力排除、限制竞争的典型形式

反垄断法规制的行政性垄断的典型形式有以下几种：

（一）指定交易

行政机关和法律、法规授权的具有管理公共事务职能的组织不得滥用行政权力，限定或者变相限定单位或者个人经营、购买、使用其指定的经营者提供的商品。

这里的限定和变相限定表现形式有多种。比如，有的通过制定行政规范性文件强制限定或变相限定，有的是在有一定垄断或资源稀缺性质的行业搞强制限制或变相限制。这些都在反垄断法禁止之列。

（二）妨碍商品在地区之间自由流通

实行社会主义市场经济，需要在全国范围内建立健全统一、开放、竞争、有序的现代市场体系。但有的地方政府及其部门和有的法律法规授权的具有管理公共事务职能的组织，违反法律和国务院的规定，滥用行政权力，采取不正当的方式阻碍商品在地区之间的自由流通，损害了全国统一市场的形成。

为了保证在全国范围内建立健全统一、开放、竞争、有序的现代市场体系，反垄断法规定，行政机关和法律、法规授权的具有管理公共事务职能的组织不得滥用行政权力，实施下列行为，妨碍商品在地区之间的自由流通：（1）对外地商品设定歧视性收费项目、实行歧视性收费标准，或者规定歧视性价格；（2）对外地商品规定与本地同类商品不同的技术要求、检验标准，或者对外地商品采取重复检验、重复认证等歧视性技术措施，限制外地商品进入本地市场；（3）采取专门针对外地商品的行政许可，限制外地商品进入本地市场；（4）设置关卡或者采取其他手段，阻碍外地商品进入或者本地商品运出；（5）妨碍商品在地区之间

自由流通的其他行为。

（三）招投标活动中的地方保护

中国大力推行招标投标制度，其目的是充分发挥市场竞争机制在公共资金采购中的作用。

目前中国部分地方的行政机关和法律、法规授权的具有管理公共事务职能的组织滥用行政权力，违反市场经济的客观要求，实行地方保护，这种现象表现在以下几个方面。

1. 部分地方的行政机关和法律、法规授权的具有管理公共事务职能的组织，采取对本地区以外的承包商或供应商设定歧视性资质要求、评审标准或者不依法发布信息等方式，排斥、限制本地区以外的经营者参加本地区的投标竞争。

2. 部分地区行政机关和法律、法规授权的具有管理公共事务职能的组织直接要求本地区的采购单位只能将采购项目交给属于本地区的单位，不许本地区以外的单位参与本地区采购项目的投标。

3. 部分地区行政机关和法律、法规授权的具有管理公共事务职能的组织的工作人员在项目采购中搞权钱交易，以权谋私，干预正常的招投标活动，将采购项目交给其指定的供应商、承包商。

这种在招标投标活动中搞地方保护的行为，会大大缩小竞争规模，因此反垄断法明确规定，行政机关和法律、法规授权的具有管理公共事务职能的组织不得滥用行政权力，以设定歧视性资质要求、评审标准或者不依法发布信息等方式，排斥或者限制外地经营者参加本地的招标投标活动。

（四）排斥或者限制在本地投资或者设立分支机构

行政机关和法律、法规授权的具有管理公共事务职能的组织阻碍、限制外地经营者在本地投资或者设立分支机构的目的是保护本地经营者的利益，使外地经营者无法对本地经营者形成挑战，排斥、限制正常的竞争，其结果会使可竞争的统一市场转变为趋向垄断的市场结构，破坏比较优势，保护落后，最终也不利于本地区经济的发展，同时通过行政权力实行地区封锁的过程中也极易产生官商勾结、滋生腐败，因此反垄断法明确规定，行政机关和法律、法规授权的具有管理公共事务职能的组织不得滥用行政权力，采取与本地经营者不平等待遇等方式，排斥或者限制外地经营者在本地投资或者设立分支机构。

（五）强制经营者从事垄断行为

与经营者自发的垄断行为不同，强制经营者进行的垄断行为是在行政权力拥有者主导下的强制行为，具有超经济的强制性和排斥竞争的封闭性，往往具有更大的危害性，不仅侵害了经营者依法享有的经营自主权，也会损害消费者的合法权益。因此，反垄断法明确禁止行政机关和法律、法规授权的具有管理公共事务职能的组织滥用行政权力，强制经营者从事反垄断法规定的垄断行为。

（六）制定含有排除、限制竞争内容的规定

因为行政机关制定含有排除、限制竞争内容的规定，其针对的对象是不特定的人或事，且效力具有普遍性，带来的影响面更广、副作用更大，所以反垄断法明确规定行政机关不得滥用行政权力，制定含有排除、限制竞争内容的规定。

为了在实践中更好地规制滥用行政权力排除、限制竞争的行为，国家工商行政管理总局颁布了《工商行政管理机关制止滥用行政权力排除、限制竞争行为的规定》，禁止行政机关和法律、法规授权的具有管理公共事务职能的组织滥用行政权力，从事下列行为：

其一，以明确要求、暗示或者拒绝、拖延行政许可以及重复检查等方式限定或者变相限定单位或者个人经营、购买、使用其指定的经营者提供的商品或者限定他人正常的经营活动。

其二，对外地商品执行与本地同类商品不同的技术要求、检验标准，或者采取重复检验、重复认证等歧视性技术措施，阻碍、限制外地商品进入本地市场。

其三，采取专门针对外地商品的行政许可，或者对外地商品实施行政许可时采取不同的许可条件、程序、期限等，阻碍、限制外地商品进入本地市场。

其四，设置关卡或者采取其他手段，阻碍、限制外地商品进入本地市场或者本地商品运往外地市场。

其五，以设定歧视性资质要求、评审标准或者不依法发布信息等方式，排斥或者限制外地经营者参加本地的招标投标活动。

其六，采取不平等待遇等方式，排斥或者限制外地经营者在本地投资或者设立分支机构或者妨碍外地经营者在本地的正常经营活动。

其七，强制经营者之间达成、实施排除、限制竞争的垄断协议，强制具有市场支配地位的经营者从事滥用市场支配地位行为。

此外，还明确规定，行政机关以及法律、法规授权的具有管理公共事务职能的组织不得滥用行政权力，以决定、公告、通告、通知、意见、会议纪要等形式，制定、发布含有排除、限制竞争内容的规定。

需要特别注意的是，《工商行政管理机关制止滥用行政权力排除、限制竞争行为的规定》还对经营者作出要求，禁止经营者从事下列行为：

其一，以行政机关和法律、法规授权的具有管理公共事务职能的组织的行政限定为由，达成、实施垄断协议和滥用市场支配地位。

其二，以行政机关和法律、法规授权的具有管理公共事务职能的组织的行政授权为由，达成、实施垄断协议和滥用市场支配地位。

其三，以依据行政机关和法律、法规授权的具有管理公共事务职能的组织制定、发布的行政规定为由，达成、实施垄断协议和滥用市场支配地位。

二、滥用行政权力排除、限制竞争的法律责任

行政机关和法律、法规授权的具有管理公共事务职能的组织滥用行政权力，实施排除、限制竞争行为的，由上级机关责令改正；对直接负责的主管人员和其他直接责任人员依法给予处分。反垄断执法机构可以向有关上级机关提出依法处理的建议。法律、行政法规对行政机关和法律、法规授权的具有管理公共事务职能的组织滥用行政权力实施排除、限制竞争行为的处理另有规定的，依照其规定。

国家工商行政管理总局公布的《工商行政管理机关制止滥用行政权力排除、限制竞争行为程序规定》，对行政机关和法律、法规授权的具有管理公共事务职能的组织滥用行政权力实施排除、限制竞争行为的处理作出了更为详细的规定。具体而言，国家市场监督管理总局对国务院所属部门、省级人民政府滥用行政权力排除、限制竞争的，可以向国务院提出依法处理的建议。对法律、法规授权的具有管理全国公共事务职能的组织滥用行政权力排除、限制竞争的，国家市场监督管理部门可以向管理该组织的机关提出依法处理的建议。省级市场监督管理局对省级人民政府所属部门、省级以下地方人民政府及其所属部门滥用行政权力排除、限制竞争

的，可以向有关上级机关提出依法处理的建议。对法律、法规授权的具有管理地方公共事务职能的组织滥用行政权力排除、限制竞争的，省级市场监督管理局可以向管理该组织的机关提出依法处理的建议。省级市场监督管理局提出依法处理的建议后，应当于十个工作日内报国家市场监督管理总局备案。需要注意的是，上述规定不适用于制止行政机关和法律、法规授权的具有管理公共事务职能的组织滥用行政权力排除、限制竞争涉及的价格方面的行为。

【相关案例】

武汉市江夏区公安分局指定刻章、黄冈市国土资源局指定银行办理业务案

2017年7月，根据群众举报，经湖北省物价局调查核实，武汉市江夏区公安分局在区政务公开网上发布“印章刻字”服务指南，要求申请人凭印章信息卡到指定刻章店刻章。2017年9月，湖北省物价局在检查中发现，黄冈市国土资源局在国有建设用地使用权网上挂牌出让公告中，规定“竞买人应在中国农业银行黄冈市范围内的任一网点申请成为网银客户，通过农行网银系统，在缴纳保证金截止时间前一次性将竞买保证金汇入黄冈市财政局专户”。

经湖北省物价局提出整改建议后，江夏区公安分局和黄冈市国土资源局认识到上述做法违反了反垄断法的规定，立即按要求进行整改。江夏区公安分局及时删除了区政务公开网站上公布的《机构印章刻制许可办理指南》，公布了《公章刻制业特种行业许可办理指南》，并承诺迅速整改因资质原因造成的印章刻制独家经营的问题；黄冈市国土资源局及时更改了土地出让公告中的有关内容，并下发了《黄冈市国土资源局关于在国土资源行政活动中维护公平竞争、防止垄断的通知》，避免类似问题再度发生。

上述案例中，武汉市江夏区公安分局和黄冈市国土资源局在公开发布的文件中要求相关单位和个人到指定的刻章店刻章、到指定的银行办理业务的行为违反了《中华人民共和国反垄断法》的相关规定，属于滥用行政权力，排除、限制竞争的行为中“指定交易”的行为，其方式是通过制定行政规范性文件来限定交易，要受到反垄断法的规制。

【法条指引】

中华人民共和国反垄断法（节录）

第三十二条　行政机关和法律、法规授权的具有管理公共事务职能的组织不得滥用行政权力，限定或者变相限定单位或者个人经营、购买、使用其指定的经营者提供的商品。

第三十三条　行政机关和法律、法规授权的具有管理公共事务职能的组织不得滥用行政权力，实施下列行为，妨碍商品在地区之间的自由流通：

（一）对外地商品设定歧视性收费项目、实行歧视性收费标准，或者规定歧视性价格；

（二）对外地商品规定与本地同类商品不同的技术要求、检验标准，或者对外地商品采取重复检验、重复认证等歧视性技术措施，限制外地商品进入本地市场；

（三）采取专门针对外地商品的行政许可，限制外地商品进入本地市场；

（四）设置关卡或者采取其他手段，阻碍外地商品进入或者本地商品运出；

（五）妨碍商品在地区之间自由流通的其他行为。

第三十四条　行政机关和法律、法规授权的具有管理公共事务职能的组织不得滥用行政权力，以设定歧视性资质要求、评审标准或者不依法发布信息等方式，排斥或者限制外地经营者参加本地的招标投标活动。

第三十五条　行政机关和法律、法规授权的具有管理公共事务职能的组织不得滥用行政权力，采取与本地经营者不平等待遇等方式，排斥或者限制外地经营者在本地投资或者设立分支机构。

第三十六条　行政机关和法律、法规授权的具有管理公共事务职能的组织不得滥用行政权力，强制经营者从事本法规定的垄断行为。

第三十七条　行政机关不得滥用行政权力，制定含有排除、限制竞争内容的规定。

第六节 对涉嫌垄断行为的查处

【规则要点】

对涉嫌垄断行为的查处，反垄断执法机构必须依法依职权进行；相关企业也应当给予配合，否则可能遭受相应处罚。

【理解与适用】

一、对涉嫌垄断行为的举报

除反垄断执法机构依职权对涉嫌垄断行为进行调查外，任何单位和个人都有权向反垄断执法机构举报涉嫌垄断行为。举报如果采用书面形式并提供了相关事实和证据，反垄断执法机构则应当进行必要的调查。

如果举报采取书面形式的，应当包括以下内容：

一是举报人的基本情况。举报人为个人时，应当提供姓名、住址、联系方式等。举报人为经营者时，应当提供名称、地址、联系方式、主要从事的行业、生产的产品或者提供的服务等。

二是被举报人的基本情况。包括经营者名称、地址、主要从事的行业、生产的产品或者提供的服务等。

三是涉嫌垄断的相关事实。包括被举报人违反法律、法规和规章实施垄断行为的事实以及有关行为的时间、地点等。

四是相关证据。包括书证、物证、证人证言、视听资料、计算机数据、鉴定结论等，有关证据应当有证据提供人的签名并注明获得证据的来源。

五是是否就同一事实已向其他行政机关举报或者向人民法院提起诉讼。

二、对涉嫌垄断行为的受理

国家市场监督管理总局和省级市场监督管理局负责举报材料的受理。

如果举报人向省级以下的市场监督管理机关递交举报材料时，省级以下市场监督管理机关应当在收到举报材料后5个工作日内将有关举报材料报送省级市场监督管理局。受理机关收到举报材料后，应当进行登记并对举报内容进行核查。经核查发现举报材料不齐全时，应当通知举报人及时补齐。对于匿名的书面举报，如果有具体的违法事实并提供相关证据的，受理机关应当进行登记并对举报内容进行核查。

省级市场监督管理局应当对主要发生在本行政区域内涉嫌垄断行为的举报进行核查，并将核查的情况以及是否立案的意见报国家市场监督管理总局。省级市场监督管理局对举报材料齐全、涉及两个以上省级行政区域的涉嫌垄断行为的举报，应当及时将举报材料报送国家市场监督管理总局。国家市场监督管理总局根据对举报内容核查的情况，决定立案查处工作。国家市场监督管理总局可以自己立案查处，也可以根据有关规定授权有关省级市场监督管理局立案查处。国家市场监督管理总局对自己立案查处的案件，可以自行开展调查，也可以委托有关省级、计划单列市、副省级市市场监督管理局开展案件调查工作。省级市场监督管理局对经授权由其立案查处的案件，应当依法组织案件调查等相关工作。

三、对涉嫌垄断行为的调查

反垄断执法机构调查涉嫌垄断行为，可以采取的措施包括：

（1）进入被调查的经营者的营业场所或者其他有关场所进行检查；

（2）询问被调查的经营者、利害关系人或者其他有关单位或者个人，要求其说明有关情况；

（3）查阅、复制被调查的经营者、利害关系人或者其他有关单位或者个人的有关单证、协议、会计账簿、业务函电、电子数据等文件、资料；

（4）查封、扣押相关证据；

（5）查询经营者的银行账户。

采取上述措施进行调查时，应当向反垄断执法机构主要负责人书面报告，并经批准。

反垄断执法机构调查涉嫌垄断行为，在程序方面要满足：执法人员不得少于二人，并应当出示执法证件；执法人员进行询问和调查，应当制作笔录，并由被询问人或者被调查人签字。

被调查的经营者、利害关系人或者其他有关单位或者个人有义务配合反垄断执法机构依法履行职责，不得拒绝、阻碍反垄断执法机构的调查。市场监督管理机关调查涉嫌垄断行为时，可以要求被调查的经营者、利害关系人或者其他有关单位或者个人（以下简称“被调查人”）在规定时限内提供以下书面材料：

（1）被调查人的基本情况，包括组织形式、名称、联系人及联系方式、营业执照或者社会团体法人登记证书、法人组织代码副本复印件，经营者为个人的，提供身份证复印件及联系方式；

（2）被调查人为经营者的，还应提供近三年的生产经营状况、年销售额情况、缴税情况、与交易相对人业务往来及合作协议、境外投资情况等，上市公司还要提供股票收益情况；

（3）被调查人为行业协会的，还应提供行业组织章程、相关产业政策依据、本行业生产经营规划以及执行情况、与涉嫌垄断行为有关的会议、活动情况及文件等；

（4）就市场监督管理机关提出的相关问题所作的说明；

（5）市场监督管理机关认为需要提供的其他书面材料。

如果对反垄断执法机构依法实施的审查和调查，拒绝提供有关材料、信息，或者提供虚假材料、信息，或者隐匿、销毁、转移证据，或者有其他拒绝、阻碍调查行为的，反垄断执法机构可以责令其改正，对个人可以处二万元以下的罚款，对单位可以处二十万元以下的罚款；情节严重的，对个人处二万元以上十万元以下的罚款，对单位处二十万元以上一百万元以下的罚款；构成犯罪的，还应当依法追究刑事责任。被调查的经营者、利害关系人有权陈述意见。由反垄断执法机构对被调查的经营者、利害关系人提出的事实、理由和证据进行核实。

反垄断执法机构对涉嫌垄断行为调查核实后，认为构成垄断行为的，应当依法作出处理决定，并可以向社会公布。反垄断执法机构及其工作人员对执法过程中知悉的商业秘密负有保密义务。

四、经营者承诺制度

反垄断法借鉴有关国家和地区的经验，规定了垄断案件调查中协商和解的程序制度，或者称为经营者承诺制度。即对于反垄断执法机构调查的涉嫌垄断行为，被调查的经营者如果作出在反垄断执法机构认可的期限内采取具体措施消除该行为后果的承诺，反垄断执法机构可以决定中止调查。

因此，涉嫌垄断行为的经营者在被调查期间，可以提出中止调查的申请。中止调查申请应当以书面形式提出，并由法定代表人、其他组织负责人或者个人签字并盖章。

中止调查申请书应当载明以下事项：

（1）涉嫌违法的事实及可能造成的影响；

（2）消除行为影响拟采取的具体措施；

（3）实现承诺的日程安排和保证声明。

市场监督管理机关根据被调查经营者的申请，在考虑行为的性质、持续时间、后果及社会影响等具体情况后，可以决定中止调查，并作出中止调查决定书。中止调查决定书应当载明被调查经营者涉嫌违法的事实、承诺的具体内容、消除影响的具体措施、时限以及不履行或者部分履行承诺的法律后果等内容。

决定中止调查后，经营者应当在规定的时限内向市场监督管理机关提交履行承诺进展情况的书面报告。市场监督管理机关对经营者履行承诺的情况进行监督。确定经营者已经履行承诺的，可以决定终止调查，并作出终止调查决定书。终止调查决定书应当载明被调查经营者涉嫌违法的事实、承诺的具体内容、消除影响的具体措施、履行承诺的具体步骤和时间等内容。

中止调查后发现有下列情形之一的，应当恢复调查：

（1）经营者未履行承诺的；

（2）作出中止调查所依据的事实发生重大变化的；

（3）中止调查的决定是基于经营者提供的不完整、不正确或者误导性的信息作出的。

五、对垄断行为的处理

市场监督管理机关对涉嫌垄断行为调查核实后，认定构成垄断行为的，应当依法作出行政处罚决定。国家市场监督管理总局对重大垄断案件，在作出行政处罚决定前应当向国务院反垄断委员会报告。经授权的省级市场监督管理局应当依法作出中止调查、终止调查或者行政处罚决定，但在作出决定前应当向国家市场监督管理总局报告。省级市场监督管理局应当在作出决定后10个工作日内，将有关情况、相关决定书及案件调查终结报告报国家市场监督管理总局备案。

市场监督管理机关对主动报告达成垄断协议有关情况并提供重要证据的经营者，可以酌情减轻或者免除处罚。需要特别指出的是，对垄断协议的组织者，不适用上述减轻或者免除处罚的规定。

对反垄断执法机构作出的禁止经营者实施集中、同意经营者实施集中或者附条件同意经营者实施集中的决定不服的，反垄断法规定了行政复议前置的救济途径，要求行政相对人先依法申请行政复议，对行政复议决定不服时才可以依法提起行政诉讼。而除此之外，对于反垄断执法机构对经营者达成或者实施垄断协议、滥用市场支配地位的行为等作出的处理、处罚决定不服的，行政相对人既可以先依法申请行政复议，对行政复议决定不服的再提起行政诉讼，也可以直接提起行政诉讼。

六、对反垄断执法机构工作人员违法行为的处理

反垄断法对反垄断执法机构工作人员违法行为的法律责任也作出了规定，反垄断执法机构工作人员滥用职权、玩忽职守、徇私舞弊或者泄露执法过程中知悉的商业秘密，构成犯罪的，依法追究刑事责任；尚不构成犯罪的，依法给予处分。

根据刑法规定，反垄断执法机构工作人员滥用职权、玩忽职守致使公共财产、国家和个人利益遭受重大损失的，处三年以下有期徒刑或者拘役；情节特别严重的，处三年以上七年以下有期徒刑；反垄断执法机构工作人员徇私舞弊，致使公共财产、国家和个人利益遭受重大损失的，处五年以下有期徒刑或者拘役；情节特别严重的，处五年以上十年以下有期徒刑；反垄断执法机构工作人员泄露执法过程中知悉的经营者的商业秘密，给商业秘密的权利人造成重大损失的，处三年以下有期徒刑或者拘役，并处或者单处罚金；造成特别严重后果的，处三年以上七年以下有期徒刑，并处罚金。反垄断执法机构工作人员有上述行为，情节轻微，不构成犯罪的，依照公务员法和《行政机关公务员处分条例》的规定给予处分。

【风险提示】

虽然法律规定了被调查的经营者有陈述意见进行抗辩的权利，但如何把握配合调查与抗辩之间的分寸，经营者应谨慎对待。

【相关案例】

信雅达公司不履行配合调查义务案

2015年9月18日，安徽省工商局对信雅达系统工程股份有限公司下达行政处罚决定书，由于信雅达公司在安徽省工商局查处垄断案件中不履行配合调查的法律义务，决定对其处以二十万元的罚款。

本案作为中国首例由于企业拒不配合调查而受到处罚的案例，具有很强的警示意义。根据反垄断法律法规的规定，无论是涉嫌垄断的被调查对象还是协助调查的相关方，均有义务积极配合反垄断执法机构的调查，否则后果将非常严重。

【法条指引】

中华人民共和国反垄断法（节录）

第三十八条 反垄断执法机构依法对涉嫌垄断行为进行调查。

对涉嫌垄断行为，任何单位和个人有权向反垄断执法机构举报。反垄断执法机构应当为举报人保密。

举报采用书面形式并提供相关事实和证据的，反垄断执法机构应当进行必要的调查。

第三十九条 反垄断执法机构调查涉嫌垄断行为，可以采取下列措施：

（一）进入被调查的经营者的营业场所或者其他有关场所进行检查；

（二）询问被调查的经营者、利害关系人或者其他有关单位或者个人，要求其说明有关情况；

（三）查阅、复制被调查的经营者、利害关系人或者其他有关单位或者个人的有关单证、协议、会计账簿、业务函电、电子数据等文件、资料；

（四）查封、扣押相关证据；

（五）查询经营者的银行账户。

采取前款规定的措施，应当向反垄断执法机构主要负责人书面报告，并经批准。

第四十条 反垄断执法机构调查涉嫌垄断行为，执法人员不得少于二人，并应当出示执法证件。

执法人员进行询问和调查，应当制作笔录，并由被询问人或者被调查人签字。

第四十一条 反垄断执法机构及其工作人员对执法过程中知悉的商业秘密负有保密义务。

第四十二条 被调查的经营者、利害关系人或者其他有关单位或者个人应当配合反垄断执法机构依法履行职责，不得拒绝、阻碍反垄断执法机构的调查。

第四十三条 被调查的经营者、利害关系人有权陈述意见。反垄断执法机构应当对被调查的经营者、利害关系人提出的事实、理由和证据进行核实。

第四十四条 反垄断执法机构对涉嫌垄断行为调查核实后，认为构成垄断行为的，应当依法作出处理决定，并可以向社会公布。

第四十五条 对反垄断执法机构调查的涉嫌垄断行为，被调查的经营者承诺在反垄断执法机构认可的期限内采取具体措施消除该行为后果的，反垄断执法机构可以决定中止调查。中止调查的决定应当载明被调查的经营者承诺的具体内容。

反垄断执法机构决定中止调查的，应当对经营者履行承诺的情况进行监督。经营者履行承诺的，反垄断执法机构可以决定终止调查。

有下列情形之一的，反垄断执法机构应当恢复调查：

（一）经营者未履行承诺的；

（二）作出中止调查决定所依据的事实发生重大变化的；

（三）中止调查的决定是基于经营者提供的不完整或者不真实的信息作出的。

第四章

其他法律、法规中的竞争规范

第一节　其他法律中的竞争规范

【规则要点】

招标投标法、价格法、对外贸易法等法律对市场竞争也进行了规范，明确规定不得进行不正当竞争的具体行为及实施了这些行为的法律后果。

【理解与适用】

一、招标投标法中的竞争规范

为了活跃市场竞争，中国设立了招标投标制度。但在招标投标活动中经常会有不正当竞争行为，导致招标投标制度在实践中并不能很好地发挥其促进市场竞争的作用。为了规范招标、投标活动中的竞争秩序，招标投标法规定，依法必须进行招标的项目，其招标投标活动不受地区或者部门的限制。任何单位和个人不得违法限制或者排斥本地区、本系统以外的法人或者其他组织参加投标，不得以任何方式非法干涉招标投标活动。投标人参加依法必须进行招标的项目的投标，不受地区或者部门的限制，任何单位和个人不得非法干涉。此外，招标投标法还对实践中最常发生的串通招标投标行为进行了规制。串通招标投标，是指招标者与投标者之间或者投标者与投标者之间采用不正当手段，对招标投标事项进行串通，以排挤竞争对手或者损害招标者利益的行为。

对于招标人，招标投标法明确规定：招标人不得以不合理的条件限制或者排斥潜在投标人，不得对潜在投标人实行歧视待遇。招标人不得强制投标人组成联合体共同投标，不得限制投标人之间的竞争。《中华人民共和国招标投标法实施条例》对“招标人不得以不合理的条件限制、排斥潜在投标人或者投标人”进行了更为详尽的说明，招标人有下列行为之一的，属于以不合理条件限制、排斥潜在投标人或者投标人：

（1）就同一招标项目向潜在投标人或者投标人提供有差别的项目信息；

（2）设定的资格、技术、商务条件与招标项目的具体特点和实际需要不相适应或者与合同履行无关；

（3）依法必须进行招标的项目以特定行政区域或者特定行业的业绩、奖项作为加分条件或者中标条件；

（4）对潜在投标人或者投标人采取不同的资格审查或者评标标准；

（5）限定或者指定特定的专利、商标、品牌、原产地或者供应商；

（6）依法必须进行招标的项目非法限定潜在投标人或者投标人的所有制形式或者组织形式；

（7）以其他不合理条件限制、排斥潜在投标人或者投标人。

对投标人而言，招标投标法要求投标人不得相互串通投标报价，不得排挤其他投标人的公平竞争，损害招标人或者其他投标人的合法权益。《中华人民共和国招标投标法实施条例》也明确规定禁止投标人相互串通投标。还进一步规定了属于投标人相互串通投标的情形以及视为投标人相互串通投标的情形。有下列情形之一的，属于投标人相互串通投标：

（1）投标人之间协商投标报价等投标文件的实质性内容；

（2）投标人之间约定中标人；

（3）投标人之间约定部分投标人放弃投标或者中标；

（4）属于同一集团、协会、商会等组织成员的投标人按照该组织要求协同投标；

（5）投标人之间为谋取中标或者排斥特定投标人而采取的其他联合行动。

有下列情形之一的，视为投标人相互串通投标：

（1）不同投标人的投标文件由同一单位或者个人编制；

（2）不同投标人委托同一单位或者个人办理投标事宜；

(3）不同投标人的投标文件载明的项目管理成员为同一人；

(4）不同投标人的投标文件异常一致或者投标报价呈规律性差异；

(5）不同投标人的投标文件相互混装；

(6）不同投标人的投标保证金从同一单位或者个人的账户转出。

根据国家工商行政管理总局《关于禁止串通招标投标行为的暂行规定》的规定，下列几种行为也属于串通招标投标行为，应为法律所禁止：

(1）投标者之间相互约定，一致抬高或者压低投标报价；

(2）投标者之间相互约定，在招标项目中轮流以高价位或者低价位中标；

(3）投标者之间先进行内部竞价，内定中标人，然后再参加投标；

(4）投标者之间其他串通投标行为。

另外，招标投标法还规定，投标人不得与招标人串通投标，损害国家利益、社会公共利益或者他人的合法权益。《中华人民共和国招标投标法实施条例》中也明确规定，禁止招标人与投标人串通投标。

通过以上相关规定可以看出，对于招标投标中的不正当竞争行为，法律是严令禁止的，经营者在招标投标活动中应规范自己的行为，遵守法律法规，营造公平、合理、有序的竞争环境。

二、价格法中的竞争规范

为了规制价格垄断及价格领域中的其他不正当竞争行为，价格法要求经营者不得实施不正当的价格行为。

其一，相互串通，操纵市场价格，损害其他经营者或者消费者的合法权益；

其二，在依法降价处理鲜活商品、季节性商品、积压商品等商品外，为了排挤竞争对手或者独占市场，以低于成本的价格倾销，扰乱正常的生产经营秩序，损害国家利益或者其他经营者的合法权益；

其三，捏造、散布涨价信息，哄抬价格，推动商品价格过高上涨的；

其四，利用虚假的或者使人误解的价格手段，诱骗消费者或者其他经营者与其进行交易；

其五，提供相同商品或者服务，对具有同等交易条件的其他经营者实行价格歧视；

其六，采取抬高等级或者压低等级等手段收购、销售商品或者提供服务，变相提高或者压低价格；

其七，违反法律、法规的规定牟取暴利；

其八，法律、行政法规禁止的其他不正当价格行为。

三、对外贸易法中的竞争规范

为了在对外贸易领域对垄断或限制竞争行为、不正当竞争行为进行法律规制，对外贸易法规定，在对外贸易经营活动中，不得违反有关反垄断的法律、行政法规的规定实施垄断行为。在对外贸易经营活动中实施垄断行为，危害市场公平竞争的，依照有关反垄断的法律、行政法规的规定处理。在对外贸易经营活动中，不得实施以不正当的低价销售商品、串通投标、发布虚假广告、进行商业贿赂等不正当竞争行为。在对外贸易经营活动中实施不正当竞争行为的，依照有关反不正当竞争的法律、行政法规的规定处理。

【风险提示】

投标者或者招标者在实施串通招标投标的行为时，同时有商业贿赂、侵犯商业秘密等违反市场监督管理法规行为的，对串通招标投标行为和其他违法行为应当一并处罚。

【法条指引】

中华人民共和国招标投标法（节录）

第十八条 招标人可以根据招标项目本身的要求，在招标公告或者投标邀请书中，要求潜在投标人提供有关资质证明文件和业绩情况，并对潜在投标人进行资格审查；国家对投标人的资格条件有规定的，依照其规定。

招标人不得以不合理的条件限制或者排斥潜在投标人，不得对潜在投标人实行歧视待遇。

第二十条 招标文件不得要求或者标明特定的生产供应者以及含有倾向或者排斥潜在投标人的其他内容。

第三十二条 投标人不得相互串通投标报价，不得排挤其他投标人的公平竞争，损害招标人或者其他投标人的合法权益。

投标人不得与招标人串通投标，损害国家利益、社会公共利益或者他人的合法权益。

禁止投标人以向招标人或者评标委员会成员行贿的手段谋取中标。

中华人民共和国价格法（节录）

第十四条　经营者不得有下列不正当价格行为：

（一）相互串通，操纵市场价格，损害其他经营者或者消费者的合法权益；

（二）在依法降价处理鲜活商品、季节性商品、积压商品等商品外，为了排挤竞争对手或者独占市场，以低于成本的价格倾销，扰乱正常的生产经营秩序，损害国家利益或者其他经营者的合法权益；

（三）捏造、散布涨价信息，哄抬价格，推动商品价格过高上涨的；

（四）利用虚假的或者使人误解的价格手段，诱骗消费者或者其他经营者与其进行交易；

（五）提供相同商品或者服务，对具有同等交易条件的其他经营者实行价格歧视；

（六）采取抬高等级或者压低等级等手段收购、销售商品或者提供服务，变相提高或者压低价格；

（七）违反法律、法规的规定牟取暴利；

（八）法律、行政法规禁止的其他不正当价格行为。

中华人民共和国对外贸易法（节录）

第三十二条　在对外贸易经营活动中，不得违反有关反垄断的法律、行政法规的规定实施垄断行为。

在对外贸易经营活动中实施垄断行为，危害市场公平竞争的，依照有关反垄断的法律、行政法规的规定处理。

有前款违法行为，并危害对外贸易秩序的，国务院对外贸易主管部门可以采取必要的措施消除危害。

第三十三条　在对外贸易经营活动中，不得实施以不正当的低价销售商品、串通投标、发布虚假广告、进行商业贿赂等不正当竞争行为。

在对外贸易经营活动中实施不正当竞争行为的，依照有关反不正当竞争的法律、行政法规的规定处理。

有前款违法行为，并危害对外贸易秩序的，国务院对外贸易主管部门可以采取禁止该经营者有关货物、技术进出口等措施消除危害。

第二节　其他行政法规中的竞争规范

【规则要点】

相关行政法规中也有反垄断和反不正当竞争的规范，如《关于禁止滥用知识产权排除、限制竞争行为的规定》《国务院关于禁止在市场经济活动中实行地区封锁的规定》等。

【理解与适用】

一、关于禁止滥用知识产权排除、限制竞争行为的规定

反垄断与保护知识产权具有共同的目标，即促进竞争和创新，提高经济运行效率，维护消费者利益和社会公共利益。经营者依照有关知识产权的法律、行政法规规定行使知识产权的行为，不适用反垄断法；但是，经营者滥用知识产权，排除、限制竞争的行为，适用反垄断法。

（一）禁止滥用知识产权排除、限制竞争行为

为了保护市场公平竞争和激励创新，制止经营者滥用知识产权排除、限制竞争的行为，《关于禁止滥用知识产权排除、限制竞争行为的规定》对滥用知识产权排除、限制竞争行为进行规制。

1. 经营者之间不得利用行使知识产权的方式达成反垄断法所禁止的垄断协议。

经营者如果能够证明其利用行使知识产权的方式所达成的协议符合反垄断法有关垄断协议豁免的相关规定的，则不为反垄断法禁止。

另外，经营者行使知识产权的行为有下列情形之一的，也可以不被认定为反垄断法所禁止的垄断协议：

（1）具有竞争关系的经营者在受其行为影响的相关市场上的市场份额合计不超过百分之二十，或者在相关市场上存在至少四个可以以合理成本得到的其他独立控制的替代性技术；

（2）经营者与交易相对人在相关市场上的市场份额均不超过百分之三十，或者在相关市场上存在至少两个可以以合理成本得到的其他独立控制的替代性技术。

但是，如果有相反的证据证明其达成的协议具有排除、限制竞争效果的，则仍会被认定为反垄断法所禁止的垄断协议。

2. 具有市场支配地位的经营者不得在行使知识产权的过程中滥用市场支配地位，排除、限制竞争。

经营者拥有知识产权可以构成认定其市场支配地位的因素之一，但不能仅根据经营者拥有知识产权就推定其在相关市场上具有市场支配地位。拥有知识产权的经营者是否具有市场支配地位，要根据反垄断法的相关规定进行认定和推定。具有市场支配地位的经营者不得在行使知识产权的过程中实施下列滥用市场支配地位，排除、限制竞争的行为：

（1）具有市场支配地位的经营者没有正当理由，不得在其知识产权构成生产经营活动必需设施的情况下，拒绝许可其他经营者以合理条件使用该知识产权，排除、限制竞争。实践中，通常要考虑下列因素来判断经营者的知识产权是否构成生产经营活动必需设施：该项知识产权在相关市场上不能被合理替代，为其他经营者参与相关市场的竞争所必需；拒绝许可该知识产权将会导致相关市场上的竞争或者创新受到不利影响，损害消费者利益或者公共利益；许可该知识产权对该经营者不会造成不合理的损害。

（2）具有市场支配地位的经营者没有正当理由，不得在行使知识产权的过程中，限定交易相对人只能与其进行交易，或者限定交易相对人只能与其指定的经营者进行交易。

（3）具有市场支配地位的经营者没有正当理由，不得在行使知识产权的过程中，实施同时符合下列条件的搭售行为，排除、限制竞争：违背交易惯例、消费习惯等或者无视商品的功能，将不同商品强制捆绑销售或者组合销售；实施搭售行为使该经营者将其在搭售品市场的支配地位延伸到被搭售品市场，排除、限制了其他经营者在搭售品或者被搭售品市场上的竞争。

(4) 具有市场支配地位的经营者没有正当理由，不得在行使知识产权的过程中，实施下列附加不合理限制条件的行为，排除、限制竞争：要求交易相对人将其改进的技术进行独占性的回授；禁止交易相对人对其知识产权的有效性提出质疑；限制交易相对人在许可协议期限届满后，在不侵犯知识产权的情况下利用竞争性的商品或者技术；对保护期已经届满或者被认定无效的知识产权继续行使权利；禁止交易相对人与第三方进行交易；对交易相对人附加其他不合理的限制条件。

(5) 具有市场支配地位的经营者没有正当理由，不得在行使知识产权的过程中，对条件相同的交易相对人实行差别待遇，排除、限制竞争。

3. 经营者不得在行使知识产权的过程中，利用专利联营从事排除、限制竞争的行为。

所谓“专利联营”，是指两个或者两个以上的专利权人通过某种形式将各自拥有的专利共同许可给第三方的协议安排。其形式可以是为此目的成立的专门合资公司，也可以是委托某一联营成员或者某独立的第三方进行管理。专利联营的成员不得利用专利联营交换产量、市场划分等有关竞争的敏感信息，达成反垄断法禁止的垄断协议。但是，经营者能够证明所达成的协议符合反垄断法关于垄断协议豁免的规定的除外。

具有市场支配地位的专利联营管理组织没有正当理由，不得利用专利联营实施下列滥用市场支配地位的行为，排除、限制竞争：

(1) 限制联营成员在联营之外作为独立许可人许可专利；

(2) 限制联营成员或者被许可人独立或者与第三方联合研发与联营专利相竞争的技术；

(3) 强迫被许可人将其改进或者研发的技术独占性地回授给专利联营管理组织或者联营成员；

(4) 禁止被许可人质疑联营专利的有效性；

(5) 对条件相同的联营成员或者同一相关市场的被许可人在交易条件上实行差别待遇；

(6) 国家市场监督管理总局认定的其他滥用市场支配地位行为。

4. 经营者不得在行使知识产权的过程中，利用标准的制定和实施从事排除、限制竞争的行为。

具有市场支配地位的经营者没有正当理由，不得在标准的制定和实施过程中实施下列排除、限制竞争行为：

（1）在参与标准制定的过程中，故意不向标准制定组织披露其权利信息，或者明确放弃其权利，但是在某项标准涉及该专利后却对该标准的实施者主张其专利权。

（2）在其专利成为标准必要专利后，违背公平、合理和无歧视原则，实施拒绝许可、搭售商品或者在交易时附加其他的不合理交易条件等排除、限制竞争的行为。

（二）涉嫌滥用知识产权排除、限制竞争行为的查处

经营者涉嫌滥用知识产权排除、限制竞争行为的，市场监督管理机关依据反垄断法和《工商行政管理机关查处垄断协议、滥用市场支配地位案件程序规定》进行调查。

在分析认定经营者涉嫌滥用知识产权排除、限制竞争行为时，通常采取以下步骤：

首先，确定经营者行使知识产权行为的性质和表现形式；

其次，确定行使知识产权的经营者之间相互关系的性质；

再次，界定行使知识产权所涉及的相关市场；随后，认定行使知识产权的经营者的市场地位；

最后，分析经营者行使知识产权的行为对相关市场竞争的影响。

需要说明如下两个问题：

第一，分析认定经营者之间关系的性质需要考虑行使知识产权行为本身的特点。在涉及知识产权许可的情况下，原本具有竞争关系的经营者之间在许可合同中是交易关系，而在许可人和被许可人都利用该知识产权生产产品的市场上则又是竞争关系。但是，如果当事人之间在订立许可协议时不是竞争关系，在协议订立之后才产生竞争关系的，则仍然不视为竞争者之间的协议，除非原协议发生实质性的变更。

第二，分析认定经营者行使知识产权的行为对竞争的影响，应当考虑下列因素：

（1）经营者与交易相对人的市场地位；

（2）相关市场的市场集中度；

（3）进入相关市场的难易程度；

（4）产业惯例与产业的发展阶段；

（5）在产量、区域、消费者等方面进行限制的时间和效力范围；

（6）对促进创新和技术推广的影响；

（7）经营者的创新能力和技术变化的速度；

（8）与认定行使知识产权的行为对竞争影响有关的其他因素。

（三）滥用知识产权排除、限制竞争行为的法律责任

经营者滥用知识产权排除、限制竞争的行为构成垄断协议的，由市场监督管理机关责令停止违法行为，没收违法所得，并处上一年度销售额百分之一以上百分之十以下的罚款；尚未实施所达成的垄断协议的，可以处五十万元以下的罚款。经营者滥用知识产权排除、限制竞争的行为构成滥用市场支配地位的，由市场监督管理机关责令停止违法行为，没收违法所得，并处上一年度销售额百分之一以上百分之十以下的罚款。市场监督管理机关会根据违法行为的性质、情节、程度、持续的时间等因素确定具体罚款数额。

二、关于禁止公用企业限制竞争行为的若干规定

公用企业，是指涉及公用事业的经营者，包括供水、供电、供热、供气、邮政、电信、交通运输等行业的经营者。

根据规定，公用企业应当遵守国家法律的规定，不得利用自身的优势地位妨碍其他经营者的公平竞争，也不得侵害消费者的合法权益。这是对公用企业的原则性要求，此外，在具体的市场交易中，要求公用企业不得实施下列限制竞争的行为：

（1）限定用户、消费者只能购买和使用其附带提供的相关商品，而不得购买和使用其他经营者提供的符合技术标准要求的同类商品；

（2）限定用户、消费者只能购买和使用其指定的经营者生产或者经销的商品，而不得购买和使用其他经营者提供的符合技术标准要求的同类商品；

（3）强制用户、消费者购买其提供的不必要的商品及配件；

（4）强制用户、消费者购买其指定的经营者提供的不必要的商品；

（5）以检验商品质量、性能等为借口，阻碍用户、消费者购买、使用其他经营者提供的符合技术标准要求的其他商品；

（6）对不接受其不合理条件的用户、消费者拒绝、中断或者削减供应

相关商品，或者滥收费用；

（7）其他限制竞争的行为。

以上规定有利于在市场交易中对公用企业限制竞争的行为加以规制，维护市场竞争秩序。

三、关于禁止在市场经济活动中实行地区封锁的规定

为了建立和完善全国统一、公平竞争、规范有序的市场体系，禁止市场经济活动中的地区封锁行为，破除地方保护，维护社会主义市场经济秩序，《国务院关于禁止在市场经济活动中实行地区封锁的规定》规定，禁止任何单位或者个人违反法律、行政法规和国务院的规定，以任何方式阻挠、干预外地产品或者工程建设类服务进入本地市场，或者对阻挠、干预外地产品或者服务进入本地市场的行为纵容、包庇，限制公平竞争。

根据规定，地方各级人民政府及其所属部门（包括被授权或者委托行使行政权的组织）不得违反法律、行政法规和国务院的规定，实行下列地区封锁行为：

（1）以任何方式限定、变相限定单位或者个人只能经营、购买、使用本地生产的产品或者只能接受本地企业、指定企业、其他经济组织或者个人提供的服务；

（2）在道路、车站、港口、航空港或者本行政区域边界设置关卡，阻碍外地产品进入或者本地产品运出；

（3）对外地产品或者服务设定歧视性收费项目、规定歧视性价格，或者实行歧视性收费标准；

（4）对外地产品或者服务采取与本地同类产品或者服务不同的技术要求、检验标准，或者对外地产品或者服务采取重复检验、重复认证等歧视性技术措施，限制外地产品或者服务进入本地市场；

（5）采取专门针对外地产品或者服务的专营、专卖、审批、许可等手段，实行歧视性待遇，限制外地产品或者服务进入本地市场；

（6）通过设定歧视性资质要求、评审标准或者不依法发布信息等方式限制或者排斥外地企业、其他经济组织或者个人参加本地的招投标活动；

（7）以采取同本地企业、其他经济组织或者个人不平等的待遇等方式，限制或者排斥外地企业、其他经济组织或者个人在本地投资或者设立

分支机构，或者对外地企业、其他经济组织或者个人在本地的投资或者设立的分支机构实行歧视性待遇，侵害其合法权益；

(8) 实行地区封锁的其他行为。

此外，还对改变或撤销有关的规定以及对有关的纠正、处理、处罚等都作了明确规定。

附录 1：

商务部经营者集中反垄断审查流程图

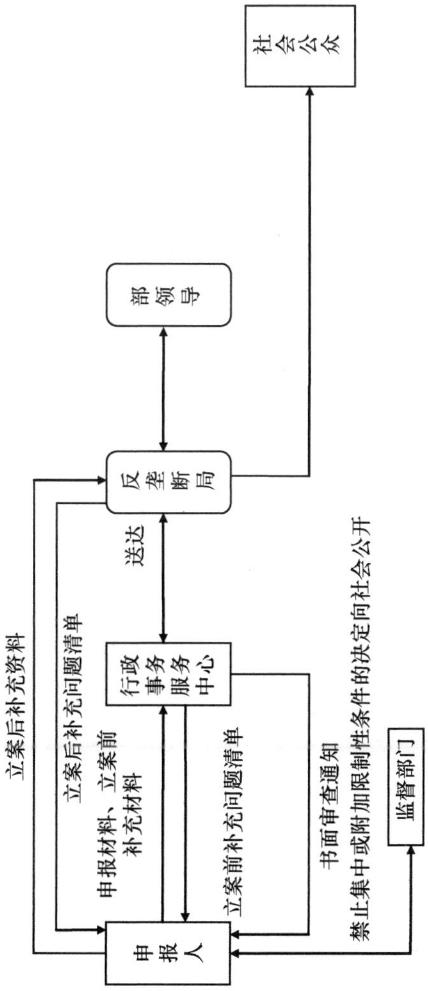

商务部经营者集中反垄断审查流程图（来源：商务部网站）

附录 2：

经营者集中申报表

申报日期：　　年　　月　　日

申报编号：

1. 申报人基本信息			
（1）申报人			
（2）申报人地址、邮编			
（3）联系人		单　　位	
职　务		联系电话	
传　真		电子邮件	
（4）申报人是：¨ 并购方　　¨ 被并购方			
（5）申报人是： ¨ 公司 ¨ 自然人 ¨ 其他（请具体说明）：			
（6）委托代理人			
联系人		联系电话	
传　真		电子邮件	

续表

<table>
<tr><td colspan="2">2. 申报事由</td></tr>
<tr><td colspan="2">拟进行的经营者集中满足下列哪项申报条件：
¨ 参与集中的所有经营者上一会计年度在全球范围内的营业额合计超过 100 亿元人民币，并且其中至少两个经营者上一会计年度在中国境内的营业额均超过 4 亿元人民币；
¨ 参与集中的所有经营者上一会计年度在中国境内的营业额合计超过 20 亿元人民币，并且其中至少两个经营者上一会计年度在中国境内的营业额均超过 4 亿元人民币。
¨ 其他</td></tr>
<tr><td colspan="2">3. 并购方基本情况</td></tr>
<tr><td colspan="2">（可附页说明）</td></tr>
<tr><td colspan="2">4. 被并购方基本情况</td></tr>
<tr><td colspan="2">（可附页说明）</td></tr>
<tr><td colspan="2">5. 并购方关联公司基本信息及其组织结构图</td></tr>
<tr><td colspan="2">（可附页说明）</td></tr>
<tr><td colspan="2">6. 被并购方关联公司基本信息及其组织结构图</td></tr>
<tr><td colspan="2">（可附页说明）</td></tr>
<tr><td colspan="2">7. 并购交易概况</td></tr>
<tr><td>（1）交易名称</td><td></td></tr>
<tr><td colspan="2">（2）该交易属于：
¨ 资产收购
¨ 股权收购
¨ 合并
¨ 组建合营企业
¨ 其他（请具体说明）：________________________</td></tr>
</table>

续表

（3）该交易是否需要在其他国家、地区提起申报？ ¨是 ¨否 如果是，请列明需要申报的国家和地区： ________________________________	
（4）交易标的	
（5）交易金额	
（6）交易所涉行业、产品和地域	
（7）交易过程描述	
（8）交易预计完成日期	
（9）交易完成后，参与并购有关公司的控制和关联关系及示意图	
（10）交易的动机、目的和经济合理性及市场发展计划	
8. 集中对相关市场竞争状况影响的说明	
（1）相关市场界定	
请界定产品市场和地域市场并说明理由。	
（2）相关市场基本状况	
请说明相关市场基本状况及提供数据来源和计算依据、证明文件。	
（3）集中对市场结构的影响	
请说明集中对市场结构的影响及提供数据来源和计算依据、证明文件。	
（4）相关市场上、下游主要企业名单、联系人及联系方式	
请提供相关市场及集中各方上、下游主要企业名单、联系人及联系方式。	
（5）相关市场供应和需求结构	
请分析相关市场供应结构和需求结构。	

续表

9. 市场进入分析
(1) 进入市场的成本、障碍及进入的难易程度
(2) 因知识产权而产生的限制
(3) 相关产品规模经济的重要性
(4) 相关市场上竞争者数量、规模以及上下游市场是否存在事实或法律上的限制等
(5) 潜在市场竞争和可能的市场进入
介绍潜在市场竞争和可能的市场进入情况，并说明最近三年相关市场上的重大市场进入或退出情况。如有可能请提交进入或退出企业名称、联系方式等详细情况。
10. 相关市场内经营者横向或纵向合作协议情况
请说明相关市场内经营者横向或纵向合作协议情况，例如是否存在研发、专利使用权转让、联合生产、分销、长期供应以及资料交换等方面的协议。如有可能，应提交上述协议的进一步情况。
11. 集中对各方面的影响
请说明集中对市场结构、行业发展、竞争者、上下游经营者、消费者、技术进步和经济发展的影响。
12. 集中可能产生的效率
请说明集中可能产生的效率并提供相应的支持文件。
13. 集中各方在其他市场的情况
请说明集中各方在相关市场以外其他市场的规模和竞争能力情况。
14. 集中协议内容摘要
15. 集中各方上一会计年度经审计的财务报表内容摘要

续表

16. 支持性研究报告内容摘要
17. 集中被禁止对各方面的影响
请说明集中被禁止可能产生的影响。
18. 相关市场行业协会信息
请说明是否存在行业协会、协会的名称、负责人及联系方式（含电话、传真、电子邮件和网址）。
19. 有关方面的意见
请介绍有关方面对本次集中的意见，并提供书面文件。
20. 其他需要说明的情况
21. 申报人承诺
申报人在此承诺，本申报书、申报书的附件以及申报人在申报过程中提供的任何信息都是真实、完整和准确的，不存在任何虚假陈述或误导信息。 申报人签字：

申报人（盖章）：

委托代理人签字：

年　　月　　日

附录 3：

经营者集中简易案件反垄断审查申报表

申报编号：

经营者集中简易案件反垄断审查申报表

填报时间：　　年　　月　　日

□保密版[i] □非保密版（选择请用☑替换□）

申报人应确保申报书、申报书的附件以及申报人在申报过程中提供的所有信息在其所知范围内是真实、完整和准确的，复印件与原件完全一致，不得提供任何虚假材料和误导性信息。申报人隐瞒重要情况、提供虚假材料或误导性信息的，应当承担相应的法律责任。
1. 交易名称[ii]
2. 交易性质（可多选）
□新设合并 □吸收合并 □股权收购 　　□现金收购 　　□公开要约收购 　　　　□未获目标公司董事会或管理层支持的要约收购 　　□换股 　　□其他（具体说明：________________） □资产收购 □合营企业 □通过合同等方式取得控制权或者能够施加决定性影响（具体说明：________）

续表

<table>
<tr><td colspan="5">3. 申报依据</td></tr>
<tr><td colspan="5">□达到《国务院关于经营者集中申报标准的规定》规定的申报标准
□参与集中的所有经营者上一会计年度在全球范围内营业额合计超过 100 亿元人民币，并且其中至少两个经营者上一会计年度在中国境内的营业额均超过 4 亿元人民币
□参与集中的所有经营者上一会计年度在中国境内的营业额合计超过 20 亿元人民币，并且其中至少两个经营者上一会计年度在中国境内的营业额均超过 4 亿元人民币
□未达申报标准自愿申报</td></tr>
<tr><td colspan="5">4. 申请适用简易审查程序的理由[iii]</td></tr>
<tr><td colspan="5">□所有参与集中的经营者在同一相关市场所占的市场份额合计小于 15%
□存在上下游关系的参与集中的经营者，在上下游市场所占的份额均小于 25%
□不存在上下游关系的参与集中的经营者，在每个市场所占的份额均小于 25%
□参与集中的经营者在中国境外设立合营企业，合营企业不在中国境内从事经济活动
□参与集中的经营者收购境外企业股权或资产，该境外企业不在中国境内从事经济活动
□由两个以上经营者共同控制的合营企业，通过集中被其中一个或一个以上经营者控制

申报人承诺本交易没有《关于经营者集中简易案件适用标准的暂行规定》第三条、第四条所列举的情形。</td></tr>
<tr><td colspan="5">5. 参与集中的经营者[iv]</td></tr>
<tr><td colspan="5">包括：1. 2. (3. ……) [请列举，详细情况在下栏填写]</td></tr>
<tr><td colspan="5">5.1 [请填写参与集中的经营者名称/姓名]</td></tr>
<tr><td>5.1.1 是否是申报人[v]</td><td colspan="4">□是（身份证明或注册登记证明、公证认证文件等，见附件 [ ]）[vi]
□否</td></tr>
<tr><td rowspan="2">5.1.2 联系地址</td><td>地 址</td><td colspan="3"></td></tr>
<tr><td>邮 编</td><td></td><td>网 址</td><td></td></tr>
</table>

续表

<table>
<tr><td rowspan="3">5.1.3 经营者内部的联系人</td><td>姓　　名</td><td></td><td>部　　门</td><td></td></tr>
<tr><td>职　　务</td><td></td><td>电子邮件</td><td></td></tr>
<tr><td>手机及固定电话号码</td><td></td><td>传真号码</td><td></td></tr>
<tr><td rowspan="5">5.1.4 代理人（或代理律师）</td><td colspan="4">□有　□无</td></tr>
<tr><td>姓　　名</td><td></td><td>单　　位</td><td></td></tr>
<tr><td>职　　务</td><td></td><td>联系地址</td><td></td></tr>
<tr><td>手机及固定电话号码</td><td></td><td>电子邮件</td><td></td></tr>
<tr><td>传真号码</td><td></td><td>授权委托书原件</td><td>见附件［　］</td></tr>
<tr><td>5.1.5 在交易中的地位（可多选）</td><td colspan="4">□合并方
□收购方
□被收购方
□股权出让方
□被收购方的原有股东（股权出让方除外）
□合营方
□其他（具体说明：________）</td></tr>
<tr><td>5.1.6 设立时间</td><td colspan="4"></td></tr>
<tr><td>5.1.7 注册地/住所</td><td>注册地/国籍（自然人）</td><td></td><td>住　所</td><td></td></tr>
<tr><td>5.1.8 组织形式</td><td colspan="4">□有限责任公司
□股份有限公司（非上市公司）
□上市公司（上市时间、交易所、股票代码：________）
□股份有限公司
□其他（具体说明：________）
□合伙企业
□自然人[vii]
□其他（具体说明：________）</td></tr>
</table>

续表

<table>
<tr><td rowspan="3">5.1.9 上一会计年度营业额[viii]</td><td>年　度</td><td colspan="3">[　　] 年度
□日历年度　□财务年度（起止日期：________）</td></tr>
<tr><td>中国境内</td><td colspan="3">人民币 [　　] 亿元
（原计价币种及金额：[　　] 亿元 [币种]）
（汇率[ix]：________）</td></tr>
<tr><td>全　球</td><td colspan="3">人民币 [　　] 亿元
（原计价币种及金额：[　　] 亿元 [币种]）
（汇率：________）</td></tr>
<tr><td>5.1.10 设立和重要变更的历史情况</td><td colspan="4"></td></tr>
<tr><td rowspan="2">5.1.11 主要业务[x]</td><td>全球范围</td><td colspan="3"></td></tr>
<tr><td>中国境内</td><td colspan="3"></td></tr>
<tr><td rowspan="3">5.1.12 股权结构</td><td>股东名称及持股比例[xi]</td><td colspan="3"></td></tr>
<tr><td>股权结构图</td><td colspan="3">见附件 [　]</td></tr>
<tr><td>是否有最终控制人</td><td colspan="3">□有　□无[xii]</td></tr>
<tr><td rowspan="4">5.1.13 最终控制人（如有）</td><td>名称/姓名</td><td colspan="3"></td></tr>
<tr><td>成立时间[xiii]</td><td colspan="3"></td></tr>
<tr><td>注册地/国籍（自然人）</td><td></td><td>住　所</td><td></td></tr>
<tr><td>组织形式</td><td colspan="3">□有限责任公司
□股份有限公司（非上市公司）
□上市公司（上市时间、交易所、股票代码：______）
□股份有限公司
□其他（具体说明：________）
□合伙企业
□自然人
□其他（具体说明：________）</td></tr>
</table>

续表

5.1.13 最终控制人（如有）	主要业务（包括整个集团）	
	与参与集中的经营者之间的关系	
	股权结构图	见附件［ ］
5.1.14 关联实体[xiv]	中国境外从事与本项集中相关业务的关联企业详细介绍[xv]	
	中国境内从事与本项集中相关业务的关联企业详细介绍	
5.1.15 经营者及关联实体过去三年在相关市场的经营者集中情况		
5.1.16 相关文件	经审计的上一会计年度财务报表	见附件［ ］
	上一会计年度年报[xvi]	□有（见附件［ ］） □无

续表

<table>
<tr><td rowspan="3">5.1.16 相关文件</td><td rowspan="3">*研究、分析和报告</td><td>交易方内部编制的研究、分析和报告[xvii]</td><td colspan="2">□有（见附件［ ］）
□无</td></tr>
<tr><td rowspan="2">第三方编制的研究、分析和报告</td><td>专为本交易[xviii]</td><td>□有（见附件［ ］）
□无</td></tr>
<tr><td>非专为本交易[xix]</td><td>□有（见附件［ ］）
□无</td></tr>
<tr><td colspan="5">6. 参与交易的其他经营者[xx]</td></tr>
<tr><td colspan="5">包括：1. （2. ……）［请列举，详细情况在下栏填写］</td></tr>
<tr><td colspan="5">6.1［请填写参与交易的其他经营者的名称/姓名］</td></tr>
<tr><td rowspan="2">6.1.1 联系地址</td><td>地　址</td><td colspan="3"></td></tr>
<tr><td>邮　编</td><td></td><td>网　址</td><td></td></tr>
<tr><td rowspan="3">6.1.2 联系人</td><td>姓　名</td><td></td><td>单　位</td><td></td></tr>
<tr><td>职　务</td><td></td><td>电子邮件</td><td></td></tr>
<tr><td>电　话</td><td></td><td>传　真</td><td></td></tr>
<tr><td>6.1.3 在交易中的地位</td><td colspan="4">□股权出让方
□资产出让方
□被收购方
□无控制权或决定性影响的合营方
□其他（具体说明：＿＿＿＿＿＿）</td></tr>
<tr><td rowspan="3">6.1.4 基本信息</td><td>成立时间[xxi]</td><td colspan="3"></td></tr>
<tr><td>注册地/国籍（自然人）</td><td></td><td>住　所</td><td></td></tr>
<tr><td>组织形式</td><td colspan="3">□有限责任公司
□股份有限公司（非上市公司）
□上市公司（上市时间、交易所、股票代码：＿＿＿＿）
□股份有限公司
□其他（具体说明：＿＿＿＿＿＿）
□合伙企业
□自然人
□其他（具体说明：＿＿＿＿＿＿）</td></tr>
</table>

续表

<table>
<tr><td>6.1.5 主要业务</td><td colspan="4"></td></tr>
<tr><td colspan="5">7. 集中交易概况</td></tr>
<tr><td rowspan="4">7.1 集中协议</td><td>形 式[xxii]</td><td colspan="3">□正式协议/合同/公司章程
□公开要约
□非正式或初步协议（如正式协议、合同或公司章程的草案/框架协议/备忘录/意向书等，在下栏说明不能提供正式协议的理由）
□无交易文件（在下栏说明不能提供集中协议的理由）</td></tr>
<tr><td>理　由</td><td colspan="3"></td></tr>
<tr><td>名称[xxiii]</td><td></td><td>签署时间[xxiv]</td><td></td></tr>
<tr><td>协议方[xxv]</td><td></td><td>文本[xxvi]</td><td>见附件［　］</td></tr>
<tr><td rowspan="5">7.2 交易金额[xxvii]</td><td>现金</td><td></td><td rowspan="4">折合人民币</td><td></td></tr>
<tr><td>股份数目及估值</td><td></td><td></td></tr>
<tr><td>资产类别及估值</td><td></td><td></td></tr>
<tr><td>其他权益及估值</td><td></td><td></td></tr>
<tr><td>汇率</td><td></td><td>合计</td><td></td></tr>
<tr><td>7.3 交易的描述[xxviii]</td><td colspan="4"></td></tr>
<tr><td>7.4 交易前后股权和控制权结构[xxix]</td><td colspan="4">交易前后的股权结构图见附件［　］</td></tr>
<tr><td>7.5 预计交割时间及特殊时限要求（如有，并解释）</td><td colspan="4"></td></tr>
</table>

续表

7.6 交易的背景、动机、经济合理性		
7.7 市场发展计划		
7.8 合营企业[xxx]	名称[xxxi]	
	注册地/住所	□境内 □境外（具体：______________）
	合营各方拟/已投入的资金、资产和业务等资源[xxxii]	
	合营各方持有合营企业的主要权利和权益	
	合营企业主营业务、运作方式、经营区域、与合营各方及其关联方的业务关系	
	合营各方及关联方之间的其他协议或安排	

续表

<table>
<tr><td colspan="5">8. 集中对相关市场竞争状况的影响</td></tr>
<tr><td rowspan="9">8.1 集中各方的业务关系</td><td rowspan="3">横向重叠</td><td colspan="3">□有 □无</td></tr>
<tr><td>中国国家统计局代码[xxxiii]</td><td>产品或服务描述[xxxiv]</td><td>经营者[xxxv]</td></tr>
<tr><td></td><td></td><td></td></tr>
<tr><td rowspan="3">纵向关系</td><td colspan="3">□有 □无</td></tr>
<tr><td>中国国家统计局代码</td><td>产品或服务描述</td><td>经营者</td></tr>
<tr><td></td><td></td><td></td></tr>
<tr><td rowspan="3">相邻市场[xxxvi]</td><td colspan="3">□有 □无</td></tr>
<tr><td>中国国家统计局代码</td><td>产品或服务描述</td><td>经营者</td></tr>
<tr><td></td><td></td><td></td></tr>
<tr><td rowspan="2">8.2 相关市场界定及理由[xxxvii]</td><td>产品市场</td><td>理由</td><td>地域市场</td><td>理由</td></tr>
<tr><td>1.</td><td></td><td></td><td></td></tr>
<tr><td rowspan="2">8.3 集中对市场竞争的影响[xxxviii]</td><td>集中各方及主要竞争者市场份额</td><td colspan="3"></td></tr>
<tr><td>分析</td><td colspan="3">市场评估的依据及相关文件见附件［ ］</td></tr>
<tr><td>8.4 主要竞争者相关信息[xxxix]</td><td colspan="4">见附件［ ］</td></tr>
</table>

<table>
<tr><td colspan="7">9. 相关市场行业协会信息</td></tr>
<tr><td>编号</td><td>名称</td><td>地址</td><td>联系人</td><td>电话号码</td><td>传真号码</td><td>网址</td></tr>
<tr><td></td><td></td><td></td><td></td><td></td><td></td><td></td></tr>
</table>

<table>
<tr><td>10. 交易是否需要中国政府其他部门（包括商务部其他司局）审批</td></tr>
<tr><td>□是（详细说明[xl]：________________________________）
□否</td></tr>
</table>

续表

11. 本项交易的合规性及集中各方在中国境内的合规性	
11.1 本项交易的合规性	
11.2 集中各方主体资格及业务的合规性[xli]	
12. 交易是否需要在其他国家/地区申报	
□是（说明需要申报的司法辖区、已申报/拟申报时间及审查进度等：＿＿＿＿＿＿） □否	
13. 其他需要说明的情况	
□有　□无 详细信息：	
14. 申报人承诺[xlii]	
申报人在此承诺，就其所知，本申报书、申报书的附件以及申报人在申报过程中提供的任何文件和信息都是真实、完整和准确的，复印件与原件一致，不存在任何虚假陈述或误导性信息。申报人承担违反上述承诺的相关法律责任。 申报人（盖章）： 姓名（签字）： 职位：	

附件目录

编号	附件名称	所属条目

---

i 非保密版应当提供的信息包括但不限于：参与集中经营者的中文名称、注册地/自然人国籍、成立时间、上市情况（包括是否上市及上市时间和地点）、主要业务、全球及中国境内营业

额、在中国境内的关联实体情况；参与集中经营者的最终控制人的上述信息；交易概况，包括交易名称、交易类型、交易过程、交易金额、交易所涉及的行业、产品和地域等；本项交易在其他司法辖区的申报情况、进展情况；交易动机和经济合理性；相关产品和地域市场界定的原因及结论；相关市场竞争情况说明、参与集中的经营者及主要竞争者在相关市场内的市场份额。上述信息中，营业额、交易金额和市场份额等数据可以区间形式提供，其中营业额和交易金额的区间幅度不应超过10%，市场份额的区间幅度不应超过5%。

ⅱ对于在既存企业基础上，通过股权收购等方式，最终对目标公司形成共同控制的交易，交易名称应统一为XX公司（收购方）收购XX公司（目标公司）股权案。对于新设合营企业，交易名称应统一为XX公司与XX公司拟新设合营企业案。

ⅲ申报方申请简易案件的理由是基于市场份额时，须同时选择1—3项事由。

ⅳ需要根据经营者集中的具体情形界定参与集中的经营者。

一般而言，在经营者合并的情况下，无论是吸收合并还是新设合并，合并各方均为参与集中的经营者；在经营者通过取得股权或者资产的方式取得对其他经营者的控制权的情况下，取得控制权的经营者和目标经营者为参与集中的经营者；在经营者通过合同等方式取得对其他经营者的控制权或者能够对其他经营者施加决定性影响的情况下，取得控制权或能够施加决定性影响的经营者和目标经营者为参与集中的经营者。如集中后两个以上经营者对目标经营者有控制权或者能够施加决定性影响，则上述两个以上经营者均为参与集中的经营者。

尽管有上述说明，在新设合营企业的情况下，合营企业的共同控制方均为参与集中的经营者，合营企业本身不是参与集中的经营者。在既存企业的基础上通过交易形成合营企业的，如既存企业本身为合营企业，既存企业和交易后所有对其有控制权或者能够施加决定性影响的经营者均为参与集中的经营者。如既存企业在交易前由一个经营者单独控制，交易后所有有控制权或者能够施加决定性影响的经营者为参与集中的经营者；如交易前的单独控制方交易后仍拥有控制权或者能够施加决定性影响，既存企业不是参与集中的经营者；交易前单独控制方交易后不再拥有控制权或者能够施加决定性影响的，既存企业是参与集中的经营者。

ⅴ通过合并方式实施的经营者集中，由参与合并的各方经营者申报；其他方式的经营者集中，由取得控制权或能够施加决定性影响的经营者申报，其他经营者予以配合。申报义务人未进行集中申报的，其他参与集中的经营者可以提出申报。直接参与交易的经营者是收购或投资工具的，不宜作为申报人。

ⅵ如果申报方在过去三年内曾向商务部提交过反垄断申报，且公司在申报表中确认此前提供的认证或公证文件内容并无变更的，则只须提交上次公证或认证的复印件，无须另行公证或认证。

ⅶ如选择本项，则不填写第5.1.6、5.1.10、5.1.12、5.1.13项。

ⅷ如申报时上一会计年度的财务报表尚未完成审计，请提供上一会计年度未经审计的营业额、最近会计年度经审计的营业额及经审计的财务报表，并请在申报后及时提供上一会计年度经审计的财务报表。

ⅸ请注明适用的汇率及汇率的来源和计算方法。通常情况下，将以外币计算的营业额换算为人民币时宜适用中国人民银行公布的相应会计年度的汇率中间价平均值。下同。

ⅹ请详细介绍参与集中的经营者与本项集中相关的业务，并概要介绍该经营者的其他主要业务。

xi如经营者股权结构非常分散，请提供主要股东及持股比例，并说明选择理由。非有限责任公司或股份有限公司的，提供经营者权益持有者名称及持有权益的比例、安排或约定。

xii若答案为否，则不填写第5.1.13项。

xiii最终控制人属于自然人的，不填此项。

xiv一个经营者的关联实体包括该经营者直接或间接控制的所有经营者、该经营者的最终控制人以及最终控制人直接或间接控制的所有经营者等。

xv请着重对其产品和服务进行详细描述。

xvi如年度报告为外文，请同时报送中文译本或主要部分中文摘要（如无现成的中文译本）。

xvii请提供由交易方及其最终控制人的董事、监事和高管（或行使类似职能的机构或个人）提供或为其提供的，评估或者分析本次集中的所有研究、分析或报告，包括市场份额、竞争条件、实际或潜在的竞争对手、集中的合理性、销售增长或者扩展进入其他产品或地域市场的潜力、总体市场状况、集中带来的协同效应和效率等。此类文件包括但不限于董事会会议记录、公司发展战略等。请注明此类文件的制作时间、制作人姓名、单位、职务及联系方式（原文件中如没有注明）。

xviii请提供第三方为评估或分析本次集中而制作的相关文件。

xix请提供第三方并非为本次集中专门制作但与本次集中所涉及行业或市场相关的文件，如行业发展研究报告等。

xx本项填写参与交易但不属于参与集中经营者的相关方信息。

xxi参与交易的其他经营者是自然人的，可不填写此项。

xxii经营者申报时应提供经正式签署的集中协议；经营者能够提供充分证据证明因交易的特殊安排、其他法律法规规章或政策的强制性要求、其他司法辖区的强制性规定或其他合理的理由，申报时无法提供经正式签署的集中协议，或者在集中协议签署后申报将无法遵守反垄断法第25条、第26条关于审查期限的规定的，可以在集中协议签署前向商务部申报，但应当提供相关材料如备忘录或框架协议、集中协议草稿、公开要约等，同时提供交易的主要条款和条件，以确保交易的确定性。上述材料应包括经营者集中审查所需的信息。无论审查是否结束，一旦签署集中协议，申报方都应不加拖延向商务部提供集中协议，并说明集中协议与原申报材料的异同；如果申报后经营者集中的内容发生足以影响商务部审查和决定的重大变化的，申报人应及时通知商务部，并更新申报内容或重新申报。

xxiii如有多份文件，请分别填写。

xxiv如为要约收购，则填写发出正式要约的时间。

xxv如为要约收购，则填写要约方的名称。

xxvi请同时提供目标公司/合营企业经签署的股东协议、章程（如有），以及交易各方之间及与目标公司/合营企业间的非竞争协议或条款等（如有）。如为要约收购，则提供要约文件。

xxvii请提供交易总价值，包括现金、股权、资产和其他对价。以非现金作为对价的，请提供其评估价值。以其他币种计价的，请列明币种、汇率并转换为人民币。

xxviii请描述交易，包括交易架构、交易各方的名称、交易标的和交易各方的对价、交易各关键步骤及时间点、交易进展情况和预计完成时间等。

xxix请对交易前后的股权结构进行描述，并对交易前后的控制权结构、控制权变化进行说明并分析。并请以附件的形式提供交易前后的股权结构图。

xxx如果交易导致形成合营企业（包括新设合营企业及在既存企业基础上通过交易形成合营企业），请填写此项。

xxxi如为新设合营企业，在此填写拟使用的名称。

xxxii请详细说明各合营方投入或承诺的投资资本。如涉及投入资产和业务，请说明其具体范围、内容、价值和上一会计年度的营业额，并说明集中后合营各方是否将继续从事上述业务。涉及不同合营方的，请分别列明。

xxxiii请填写中国国家统计局公布的产品所属最细分类的代码。网址：www. stats. gov. cn/tjbz/tjycpflml。

xxxiv请描述相关产品或服务并简介经营者从事相关业务情况，包括具体经营主体、客户范围和业务模式等。请按中国国家统计局产品分类代码逐项填写，不同经营者分别填写。

xxxv请注明从事相关业务的参与集中的经营者。

xxxvi指具有互补性，或者具有相同客户群和相同最终用途的一系列产品。

xxxvii请按照《国务院反垄断委员会关于相关市场界定的指南》的规定，从需求替代和供给替代两个方面界定相关产品市场和地域市场，并说明详细理由（请尽量以数据和事实作为支持，并注明所引用数据和事实的来源，如数据系申报人估算，请注明计算的方法和依据）。

xxxviii包括但不限于：根据销售量和销售额计算的市场总体规模，市场发展现状，集中各方及主要竞争对手的销售额、销售量及市场份额。并请说明集中对市场结构及消费者的影响。请注明每一项数据的来源、计算方法和依据，以附件形式提供能够证明数据来源的文件，并在本栏中注明附件的编号。

xxxix请以表格形式提供。包括名称、联系人、联系方式（地址、电话、传真），如主要竞争者为外国企业，请同时提供其中国分支机构的联系方式（如有）。

xl请说明需要经过哪些审批、目前的报批/审批进度，并以附件形式提供相关部门的审批意见（如有）。

xli请说明本项交易是否符合中国法律、法规、规章及相关规定、政策。并请确认集中各方及其关联企业在中国是否存在既往的涉及实体设立、经营管理、外资审批和行业准入监管等方面的未决问题和合规性问题。

xlii另有承诺或声明的，可以附件形式提供。如申报人以附件形式另行提供承诺函，其承诺的范围和强度实质上不应弱于第14项的申报人承诺格式文本。

附录4：

经营者集中简易案件公示表

<table>
<tr><td>案件名称</td><td colspan="2"></td></tr>
<tr><td>交易概况
（限200字内）</td><td colspan="2"></td></tr>
<tr><td rowspan="3">参与集中的
经营者简介</td><td>1.</td><td></td></tr>
<tr><td>2.</td><td></td></tr>
<tr><td>……</td><td></td></tr>
<tr><td rowspan="6">简易案件理由
（可以单选，
也可以多选）</td><td colspan="2">□1. 在同一相关市场，所有参与集中的经营者所占市场份额之和小于15%。</td></tr>
<tr><td colspan="2">□2. 存在上下游关系的参与集中的经营者，在上下游市场所占的市场份额均小于25%。</td></tr>
<tr><td colspan="2">□3. 不在同一相关市场、也不存在上下游关系的参与集中的经营者，在与交易有关的每个市场所占的份额均小于25%。</td></tr>
<tr><td colspan="2">□4. 参与集中的经营者在中国境外设立合营企业，合营企业不在中国境内从事经济活动。</td></tr>
<tr><td colspan="2">□5. 参与集中的经营者收购境外企业股权或资产的，该境外企业不在中国境内从事经济活动。</td></tr>
<tr><td colspan="2">□6. 由两个以上的经营者共同控制的合营企业，通过集中被其中一个或一个以上经营者控制。</td></tr>
<tr><td>备注</td><td colspan="2"></td></tr>
</table>

注解：

1. 申报方申请简易案件的理由是基于1—3项时，须在备注中说明界定的相关商品市场和相关地域市场（无须阐述界定理由），以及相关市场份额；市场份额可以区间形式提供，区间幅度不应超过 5%。1—3 项可以多选，也可单选；没有勾选的，视为本集中不涉及该类型交易。

2. 申报方申请简易案件的理由是基于第 4 项、第 5 项时，无须在备注中说明相关市场和市场份额。

3. 由两个或两个以上经营者共同控制的合营企业，通过集中被其中的一个经营者控制，如果该经营者与合营企业属于同一相关市场的竞争者，则申报方在申请简易案件时，须同时勾选第 1 项和第 6 项理由，并在备注中说明界定的相关商品市场和相关地域市场（无须阐述界定理由），以及相关市场份额。市场份额可以区间形式提供，区间幅度不应超过 5%。